Mittelfranken

Nordwestlich von Ansbach krönt noch heute die Burg Colmberg einen hochaufragenden Felsen. Beim Aufstieg öffnet sich dem Wanderer ein weiter Blick, wie er sich auch schon den fürstlichen Hohenzollern in ihrer 500 Jahre währenden Herrschaft bot. Die Reise durch das mittelfränkische Land ist immer auch eine Reise in die deutsche Vergangenheit. Zahlreiche Burgen, Schlösser und Festungen erzählen hier die Geschichte der Obrigkeiten von einst. Auch Freunde der mittelalterlichen Dichtung und des Minnegesangs werden in Mittelfranken fündig: etwa in Wolframs-Eschenbach, dem einstigen Geburtsort des Parzival-Dichters Wolfram von Eschenbach.

Bedingt durch seine deutsche Mittellage, zogen in der Zeit der Völkerwanderung zahlreiche Stämme durch das fränkische Kernland, die alle ihre Spuren und ihre Eigenarten hinterließen. Scheinbar Gegensätzliches hat sich hier völlig vermischt, ein buntes ›Vielerlei‹ gebildet. Es fehlte die herzogliche Obrigkeit, die dieses Durcheinander unter einer energischen Hand hätte einebnen können. ›Die unerschöpfliche Vielfalt des Landes und der Menschen‹, so die Worte des Franken-Kenners Hans Max von Aufseß, ›das ist wohl der gemeinsame Nenner, auf den sich in Franken alles zurückführen läßt.‹

Die Mannigfaltigkeit des Landstrichs zwischen Nürnberg und der ›Romantischen Straße‹ zeigt sich überdies in unterschiedlichen Lebens- und Sprachgewohnheiten und in einer erstaunlichen baulichen Vielfalt: Mit der Pracht stolzer Bürgerbauten schmücken sich die vier ehemaligen Reichsstädte Bad Windsheim, Dinkelsbühl, Nürnberg und Rothenburg ob der Tauber. Höfischen Glanz haben die Markgrafen in ihrer Residenzstadt Ansbach und in den heiteren Jagd-und Sommerschlössern hinterlassen – Glanz, der alljährlich im Sommer während der ›Rokoko-Festspiele‹ wiederauflebt.

Besonders für den Naturfreund hält Mittelfranken attraktive Freizeitangebote bereit. Im ›Naturpark Frankenhöhe‹ finden sich stille Flußtäler, ideal für ausgedehnte Wanderungen und erholsame Spaziergänge. Die schönen Wälder sind am besten mit dem Fahrrad zu erkunden und zahlreiche Badeseen laden zur Abkühlung ein. Während der vorliegende HB-Bildatlas in das Kerngebiet Mittelfrankens führt, wird der angrenzende Nordosten im Band ›Fränkische Schweiz‹ (Nr. 125), der Norden im Band ›Mainfranken‹ (Nr. 137) und der Süden im Band ›Altmühltal‹ (Nr. 75) dargestellt.

W0320823

Brauchtum und Spektakel: Das Festspiel ›Kinderzeche‹ erinnert alljährlich im Juli an die Rettung der Stadt Dinkelsbühl im Dreißigjährigen Krieg.

Schlüchtern
Steinau a. d. Straße
Bad Neustadt a. d. Saale
Coburg
Sonneberg
Neustadt b. Coburg
Rödental
Kronach
Münchberg
Hammelburg
Bad Kissingen
Schweinfurt
Haßfurt
Lichtenfels
Kulmbach
Bayreuth
Lohr a. Main
Karlstadt
Werneck
Bamberg
WÜRZBURG
Wertheim
Kitzingen
Forchheim
Pegnitz
Ochsenfurt
Tauberbischofsheim
Neustadt a. d. Aisch
ERLANGEN
Lauda-Königshofen
Bad Mergentheim
Bad Windsheim
Fürth
NÜRNBERG
Lauf a. d. P.
Hersbruck
Sulzbach-Rosenberg
Amberg
Rothenburg ob d.Tauber
Schwabach
Künzelsau
Ansbach
Neumarkt i. d. Opf.
Feuchtwangen
Roth
Öhringen
Schwäbisch Hall
Crailsheim
Gunzenhausen
Dinkelsbühl
Weißenburg i. Bay.
Treuchtlingen
Ellwangen (Jagst)
Murrhardt
Gaildorf
Eichstätt
Kelheim
Schwäbisch Gmünd
Aalen
Bopfingen
Nördlingen
INGOLSTADT
Göppingen
Heidenheim a.d.Brenz
Donauwörth
Neuburg a.d.D.
Geislingen a.d.Steige
Giengen a.d.Brenz
Dillingen a.d.Donau
Schrobenhausen
Pfaffenhofen a. d. I.
Mainburg
Langenau
Günzburg
Aichach
Blaubeuren
ULM
Neu-Ulm
AUGSBURG
Freising
Ehingen
Senden
Weißenhorn
Neufahrn

Inhalt

Im Alt-Rothenburger Handwerkerhaus wurde die Werkstatt eines Schusters originalgetreu wiederaufgebaut.

Maßstab 1:800.000 — 0 10 20 30 40 km

Theateraufführungen, wie hier in der Residenz, stehen während der Rokoko-Festspiele in Ansbach auf dem Programm.

Ansbach: Wo einst die Hohenzollern residierten

Man sollte versuchen, Ansbach während der Rokoko-Festspiele zu besuchen. Dann erwacht ein längst vergessener Zeitgeist erneut zum Leben. Hier residierten jahrhundertelang die Hohenzollern, die man eher von ihrer kriegerischen Seite und vom strengen Reglement her kennt als von ihrer heiteren, verspielten Seite. Draußen in der sich im weiten Park verlierenden Jagd- und Sommerresidenz von Triesdorf vermeint man manchmal gar das Gelächter und den Jagdlärm um den ›Wilden Markgrafen‹ zu hören.

△ Ansbach, anheimelnd: reges Treiben in der Fußgängerzone ...

△ Wahrzeichen: das Herrieder Tor

Barock ausgestattete Synagoge ▽

... und malerische Gassen und Häuser im Stadtkern ▽

△ Reste der historischen Stadtmauer … … und belebter Wochenmarkt auf der Ansbacher Reitbahn ▽

Zinngießerei ›Zum Göschel‹: Hier kann man schönes Kunsthandwerk kaufen ▽

Ein Seh-Abenteuer müßte das sein: eine Stadt wie Ansbach in einem Bildablauf vom allerersten bis zum heutigen Tag sich entwickeln zu sehen. Zuerst sähe man nur Tiere, dann Vor- und Frühzeitmenschen, bis Honold oder Onold aufträte, ein freier Franke mit seiner Sippe. Er sieht den Bach, der fortan nach ihm ›Onoldsbach‹ heißen wird, zwischen Bocksberg und Rotem Berg entspringen und der Fränkischen Rezat zufließen. Er sieht die Waldhänge, auf denen erst 1200 Jahre später Häuser stehen, findet das Tal gut und läßt sich nieder. Ein zweiter, vielleicht einer aus Honolds Sippe, siedelt sich in unmittelbarer Nachbarschaft an. Er gründet auf seinem Grund das Benediktinerkloster zur Hl. Jungfrau Maria, schenkt es ein paar Jahre später, 786, Karl dem Großen, der es an das Bistum Würzburg gibt. Der fromme Stifter heißt Gumbert. Er wird Patron der dreitürmigen Kirche, die heute von seines Klosters Grund als Wahrzeichen das bürgerliche Quartier von Ansbach überragt.

Im Laufe der Zeit wächst dieses ›Onolzbach‹ um das Stift herum zu einem Markt, Handwerker und Händler siedeln sich an; Herrschaften und Konfessionen wechseln. Im Jahre 1331 erwarben die Hohenzollern Ansbach und erhoben sie zur Residenzstadt. 1806 fiel Ansbach an Bayern und wurde damit Sitz der weiß-blauen Regierung von Mittelfranken, die im Barockschloß der Hohenzollern genügend Platz für Beamte und deren Akten hat.
Heute ist Ansbach eine gemütliche Mittelstadt, wo man gut wohnen, einkaufen, lernen und arbeiten kann, wo man Bratwürste blau und gebraten oder geräuchert essen kann, wo man heimisches Bier trinken, faulenzen, im Hofgarten herumspazieren und Bachkonzerte von Weltniveau hören kann.

Nicht nur die barocke Residenz mit ihren prachtvollen Rokoko-Bauten – neben der Würzburger Residenz die schönste im ganzen Frankenland – erinnert an die Markgrafen von Brandenburg-Ansbach, sondern auch deren Hofkirche, eben St. Gumbertus. Freilich gelten dort

△ St. Gumbertus: Schwanenritterkapelle mit meisterlichem Schreinaltar von 1500

Teil der Außenfassade ▽

Stuckengel mit markgräflichen Wappen an St. Gumbertus ▽

Das Tafelgemälde ›Christus in der Kelter‹ steht in St. Gumbertus ▽

△ *In der Krypta von St.-Gumbertus, der Markgrafengruft, ...* *... befinden sich 24 Sarkophage der Ansbacher Markgrafen* ▽

nicht das Tänzeln und Lächeln, die Galanterie, wie dies alljährlich bei den ›Ansbacher Rokoko-Festspielen‹ einem hocherfreuten Publikum dargeboten wird. Rokoko überzieht zwar auch den Kirchenraum, doch treppab geht es zu den 25 Sarkophagen in die Markgrafengruft, und der gotische Chorraum darüber ist die ›Schwanenritterkapelle‹. Nein, Bayerns ›Märchenkönig‹ hat damit nur insofern zu tun, als seine Mutter eine Prinzessin aus dem preußischen Haus Hohenzollern gewesen ist.

Die Kapelle war einst der Kultraum des religiös-politischen Ordens der Schwanenritter, den Friedrich II., Kurfürst und Markgraf von Brandenburg, 1448 gegründet hatte. Sein jüngerer Bruder Albrecht Achilles, der ihn 1470 als Kurfürst von Brandenburg ablöste und damit alle Hohenzollernlande in der Hand hatte, rief 1484, zwei Jahre vor seinem Tod, einen süddeutschen Zweig dieses Ordens mit Sitz in Ansbach ins Leben. Wappenschilde hängen an den Wänden der Kapelle und die steinernen Männer auf den Epitaphien bilden eine stumme Ritterrunde. Den Schreinaltar in der Mitte stiftete Albrecht Achilles. Auf dem Bild in der Predella knien der Kurfürst und seine zweite Frau, Anna von Sachsen.

Ein Denkmal in der Platenstraße, ein Wohnhaus, ein Grab und eine Museumsabteilung erinnern heute an das ›Findelkind Europas‹, das zwar Kaspar Hauser genannt wurde, aber möglicherweise der legitime Nachfolger des Großherzogs Karl Friedrich von Baden gewesen ist. Am Pfingstmontag 1828 tauchte er auf dem Unschlittmarkt in Nürnberg auf, wurde später in Ansbach in die Wohnung eines Lehrers aufgenommen. Anselm von Feuerbach, damals als höchster Richter Mittelfrankens in Ansbach tätig, stellte ihn unter seinen Schutz. Obwohl er damit den bedeutendsten Juristen und Kriminalisten seiner Zeit zum Ziehvater hatte, wurde Kaspar Hauser am 14. Dezember 1833 von unbekannter Hand im Hofgarten niedergestochen. So erinnert heute im heiteren Park eine ernste Säule an die dunkle Tat. ›Hic occultus occulto

△ Residenz: Die Pferdeplastik von 1993 erinnert an die Züchterleidenschaft der Markgrafen

Spiegelkabinett im Rokoko-Stil ▽

Rokoko-Festspiele: historische Falknerfigur ▽

Gedenkstein zu Ehren Kaspar Hausers ▽

△ Rokoko-Festspiele in Ansbach ... ... mit höfischen Tanz- und Schäferszenen vor der Orangerie ▽

In der Platenstraße erinnert ein Denkmal an den 1833 im Hofgarten ermordeten Kaspar Hauser ▽

occisus est‹ steht auf dem Stein: ›Hier wurde ein Unbekannter auf unbekannte Weise ermordet.‹ Seitdem Kaspar Hausers Schicksal verfilmt wurde, ist das öffentliche Interesse an ihm ungemein gestiegen. Dem trägt man in Ansbach und auch in Nürnberg Rechnung. Für ›Hauser-Fans‹ gibt es nun für Einzelreisende oder Gruppen zwei- bis viertägige Pauschalreisen ›Auf den Spuren von Kaspar Hauser‹. Experten führen dabei zu den Hauser-Stätten in beiden Orten –, und eine ›Kaspar-Hauser-Vesper‹ wird auch serviert.

Sehr viel heiterer wäre jedoch ein Arrangement für die ›Ansbacher Rokoko-Festspiele‹. Da gibt es Stadtkonzerte, Reiter-Quadrille, Bläserserenade, Große Feldmusik, ein Fest am Hofe des Markgrafen und den großen Einzug des Fürsten mit Rokoko-Tanzgruppen, einer historischen Fechtgruppe und Vorführungen der markgräflichen Falknerei. Letztere ist im nahen Schillingsfürst daheim, dem Standort eines bayerischen Jagdfalkenhofes.
Im Innenhof der Residenz wird außerdem das Theaterstück ›Der Wilde Markgraf‹ aufgeführt. Der aber, mit vollem Namen Markgraf Carl Wilhelm Friedrich von Brandenburg-Ansbach (1712–1757), war ein leidenschaftlicher Falkonier. Fest steht: In seinem Jahrhundert wurde er darin gewiß von keiner anderen Hoheit übertroffen.

Zentrum der Jagdleidenschaft des ›Wilden Markgrafen‹ war Triesdorf mit seinen zwei Schlössern und Kavaliersbauten in einem großen Park. Im Umland von Triesdorf ließ er an die 150 Brücken und Holzstege bauen, um Fluß, Bach und Graben hoch zu Roß geschwind überqueren zu können.
1750 sind für die Falknerei allein 51 Bedienstete überliefert, das damals größte Falknerkorps Deutschlands. Und natürlich gab es auch Ämter: Obristfalkenmeister, Falkensekretär, Reiher-, Milan- und Krähenmeister, Leibfalkonier, Reiherwächter und Falkenjungen. An einem Falkenmaler fehlte es auch nicht, der die gefiederten Jäger porträtieren oder in voller Aktion darstellen mußte. Die Untertanen wurden veranlaßt, die

△ Pfarrkirche Weidenbach: Typisch für den sogenannten ›Markgrafenstil‹ ist der Kanzelaltar

△ Die ehemalige Sommerresidenz der Markgrafen: Schloß Triesdorf

△ Heilsbronner Münster

△ Einen Bummel wert: die Heilsbronner Altstadt

Im Mittelschiff: der Marmor-Sarkophag des Markgrafen Joachim Ernst ▽

Der Altar der ›Elftausend Jungfrauen‹ im Heilsbronner Münster stammt aus dem Jahr 1513 ▽

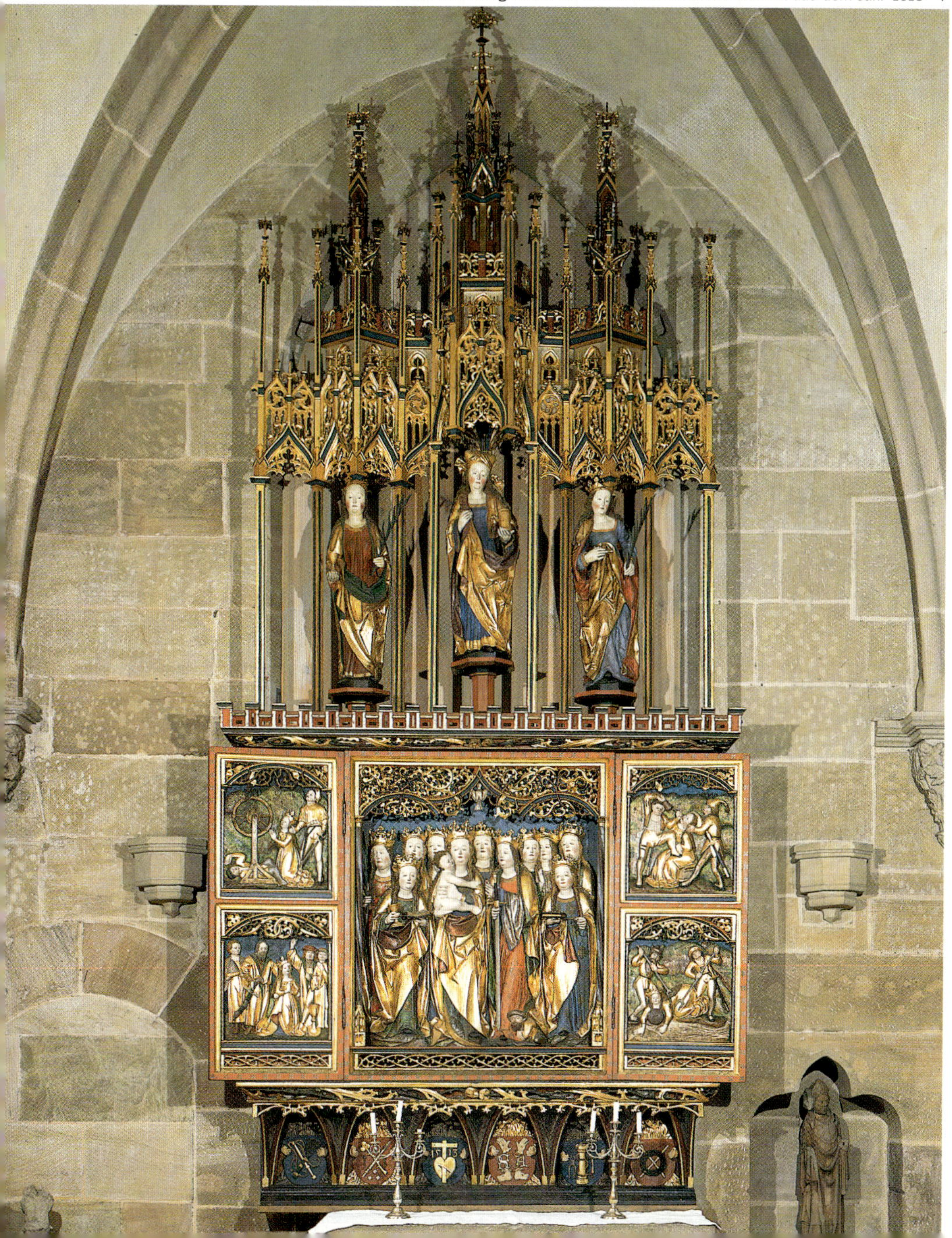

Beute zu halten: Tauben und Hühner. In 17 Jahren kaufte die Falknerei nachweisbar insgesamt über 300 000 Stück Federvieh an.

Und alles machte die Falken-Narretei des hohen Herrn eifrig mit. Die markgräfliche Papiermühle in Roth wählte als Wasserzeichen eine Falkenjagdszene und die markgräfliche Fayence-Manufaktur lieferte von 400 Fliesen für das Jagdschloß in Gunzenhausen allein 138 mit Beizjagdmotiven. Dieses standesgemäße Jagen nahm zehn Prozent des gesamten Staatshaushaltes ein.
Gram sein muß man dem ›Wilden Markgrafen‹ deswegen nicht; während seiner 28 Regierungsjahre förderte er nicht nur Wirtschaft und Bildung, vielmehr ließ er Ansbach ausbauen und gründete für seine Untertanen die erste Brandversicherung in Süddeutschland.

Eine ganz andere Welt ist Heilsbronn, ein Städtchen aus einem Zisterzienserkloster erwachsen, das der heilige Bischof Otto von Bamberg zusammen mit den Grafen von Abenberg im Jahre 1132 stiftete. Diese und die Herren von Heideck hatten hier ihre Grablege. ›Hier liegt das Geschlecht derer vom Berge, dieses und kein fremdes.‹ Der stolze Spruch der Abenberger hatte nur Gültigkeit, bis die Hohenzollern Herren von Heilsbronn wurden. Von nun an wurde die Kirche die Grabkammer der Hohenzollern. Für sie und andere Adelige wurde das Mortuarium eine wahre ›Schlafkammer des Fränkischen Adels‹.
Man muß schon in Heilsbronn gewesen sein, die neun erhaltenen Altäre, die vielen Grabsteine gesehen haben, vor allem aber die Hochgräber der Hohenzollern im Mittelschiff, das der Kurfürstin Anna zum Beispiel, der zweiten Gemahlin von Albrecht Achilles. Auf steinernem Prachtbett liegt sie hier in ihrem Witwengewand. Ihr Nachfahre, Markgraf Joachim Ernst, hat – obwohl ein schlichter Protestant – das pompöseste Grab in der Kirche. Sechs Adler tragen einen Sarkophag aus schwarzem Marmor, als sollten sie den darauf in voller Rüstung liegenden Markgrafen geradewegs in den Himmel tragen.

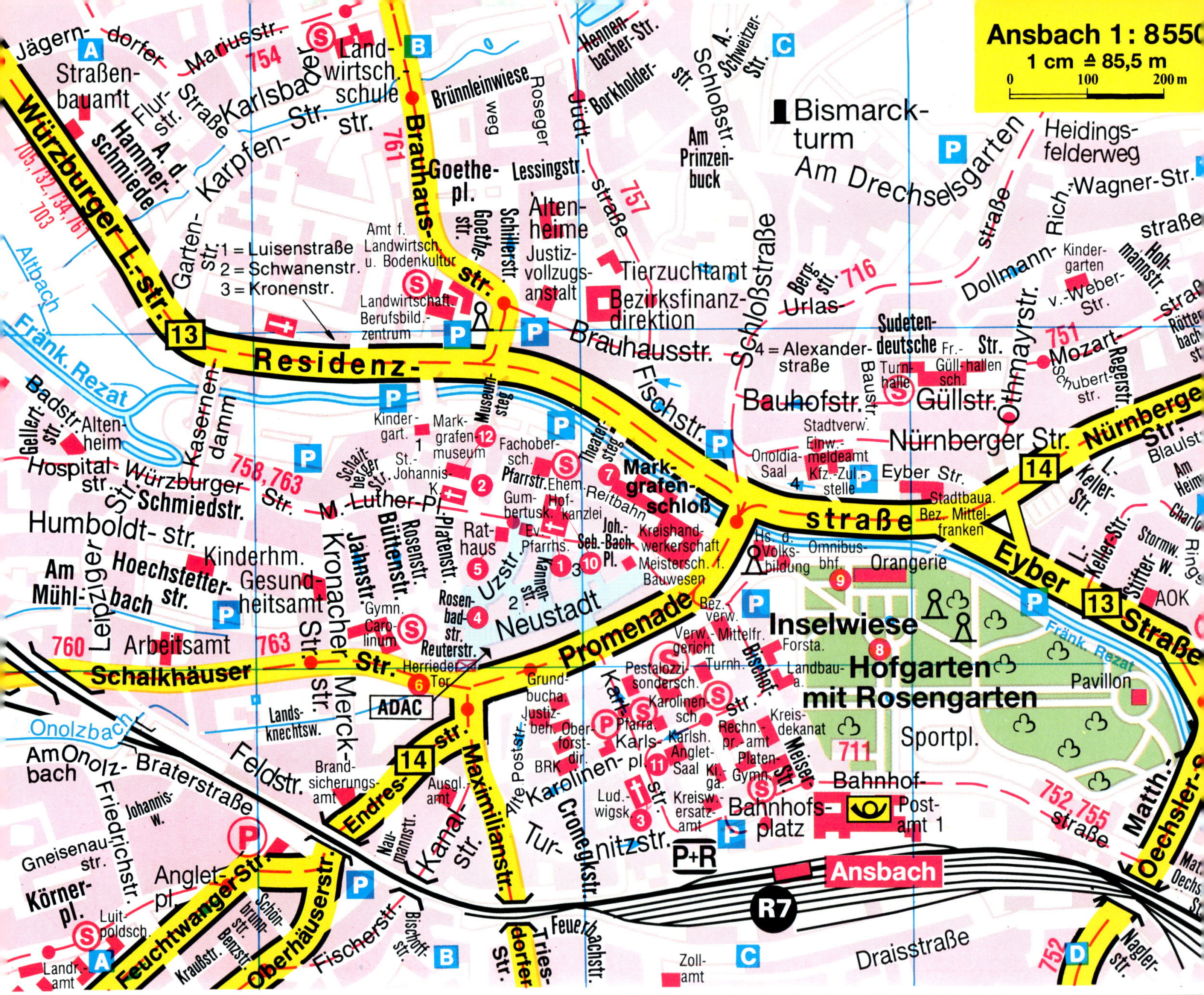
Ansbach 1 : 8550
1 cm ≙ 85,5 m
0
100
200 m
Jägerndorfer Str.
Straßenbauamt
Mariusstr.
Landwirtsch.-schule
Brünnleinwiese
Hennenbacher-Str.
Borkholder-str.
Schloßstr.
A.-Schweitzer-Str.
Bismarckturm
Heidingsfelderweg
Am Drechselsgarten
Rich.-Wagner-Str.
Würzburger L.-str.
Flurstr.
A. d. Hammerschmiede
Karlsbader Str.
Karpfen-Str.
Brauhaus-str.
Goethe-pl.
Goethestr.
Lessingstr.
Roseggerweg
Schillerstr.
Altenheime
Justizvollzugsanstalt
Am Prinzenbuck
Tierzuchtamt
Bezirksfinanzdirektion
Urlas-
Berg-str.
Dollmann-str.
Kindergarten
v.-Weber-Str.
Hohenstaufenstr.
Gartenstr.
1 = Luisenstraße
2 = Schwanenstr.
3 = Kronenstr.
Amt f. Landwirtsch. u. Bodenkultur
Landwirtschaftl. Berufsbild.-zentrum
Altbach
Fränk. Rezat
Residenz-
Brauhausstr.
4 = Alexanderstraße
Sudetendeutsche Str.
Fr.-Güll-hallen
Turnhalle
Güllstr.
Othmayrstr.
Mozartstr.
Schubertstr.
Regerstr.
Badstr.
Gellertstr.
Altenheim
Kasernendamm
Kindergart.
Markgrafenmuseum
Museumstr.
Fachobersch.
Theatersteg
Fischstr.
Bauhofstr.
Stadtverw.
Einw.-meldeamt
Kfz.-Zul.-stelle
Onoldia-Saal
Nürnberger Str.
Eyber Str.
Nürnberger Str.
Blaustr.
Am Heim
Hospital-str.
Würzburger Str.
Schmiedstr.
Schaitbergerstr.
St.-Johannis-K.
Pfarrstr.
Markgrafenschloß
M.-Luther-Pl.
Gumbertusk.
Ehem. Hofkanzlei
Reitbahn
Humboldt-str.
Kronacherstr.
Jahnstr.
Rosenstr.
Büttenstr.
Platenstr.
Rathaus
Ev. Pfarrhs.
Joh.-Seb.-Bach-Pl.
Handwerkerschaft
Meistersch. f. Bauwesen
Straße
Stadtbaua.
Bez. Mittelfranken
Eyber
Straße
Kinderhm.
Gesundheitsamt
Am Mühlbach
Hoechstetter-str.
Leipziger Str.
Gymn. Carolinum
Uzstr.
Kannenstr.
Neustadt
Rosenbadstr.
Promenade
Hs. d. Volksbildung
Omnibusbhf.
Orangerie
Inselwiese
Hofgarten mit Rosengarten
Pavillon
Fränk. Rezat
AOK
760
Arbeitsamt
Schalkhäuser Str.
Reuterstr.
Herrieder Tor
ADAC
Bez.-verw.
Verw.-gericht
Mittelfr.
Turnh.
Bischofstr.
Forsta.
Landbau-a.
Grundbuchamt
Justizbeh.
Pestalozzisondersch.
Karolinenschule
Karlstr.
Pfarra.
Oberforstdir.
Karlsh. Angletsaal
Rechn.-pr.-amt
Kreisdekanat
Sportpl.
Onolzbach
Am Onolzbach
Braterstraße
Feldstr.
Landsknechtsw.
Mercksstr.
Brandsicherungsamt
Endresstr.
Maximilianstr.
Ausgl.-amt
Alte Poststr.
Karolinenstr.
Platenstr.
Gymn.
Meistersstr.
Kl. ga.
Bahnhof
Postamt 1
Bahnhofsplatz
Kreisw.-ersatzamt
Lud.-wigsk.
BRK
Friedrichstr.
Johannisw.
Gneisenaustr.
Körner-pl.
Luitpoldsch.
Anglet-pl.
Feuchtwanger Str.
Schörnbrunnstr.
Oberhäuserstr.
Benzstr.
Kraußstr.
Landratsamt
Fischerstr.
Naupinnstr.
Kanalstr.
Cronegkstr.
Turnitzstr.
P+R
Ansbach
R7
Triesdorfer Str.
Feuerbachstr.
Zollamt
Draisstraße
Nagler-str.
Matth.-Oechsler-Straße
Residenzstr.
Bischoffstr.
Stormw.
Stifter-W.
L.-Keller-Str.
Straße

Cadolzhofen
Ges.-Stettberg
Oberhegenau
Untersulzbach
Staatsforst Birkenfels
Gödersklingen
Neubronn
Moratneustetten
Thierbach
D.-Adelmannsdorf
D.-Warzfelden
Beutellohe
D.-Kleinhabersdorf
Kleinhaslach
Markttriebendorf
Gr.-Wendsdorf
Wendsdorfer Clarsbach
Oberfelden
Frankenhöhe
Naturpark
Colmberg
Gesclau
Dornhausen
Heßbach
Häslabronn
Lehrberg
Ballstadt
Brunst
Schmalach
Weihenzell
Bruckberg
Steinbach
Betzendorf
Heilsbronn
Bonnhof
Buchschwabach
Münchlerbach
Weiterndorf
Goddeldorf
Betzmannsdorf
Seitendorf
Weißenbronn
Trachenhöfstett
Großhaslach
Ketteldorf
Forst
Weißenbronner Wald
Petersaurach
Neuendettelsau
Altendettelsau
Geichsenhof
Bertholdsdorf
Frommetsfelden
Buch am Wald
Höchstetten
Bauzenweiler
Obernzenn
Oberramstadt
Schmalenbach
Steinersdorf
Wippendorf
Egloffswinden
Weinberg
Obereichenbach
Külbingen
Vestenberg
Gleizendorf
Wickles
Sachsen bei Ansbach
Neukirchen
Ratzenwinden
Leutershausen
Jochsberg
Clonsbach
Neureuth
Wiedersbach
Lengenfeld
Schalkhausen
Ansbach
Hennenbach
Eyb
Elpersdorf
Dautenwinden
Meinhardswinden
Brodswinden
Lichtenau
Immeldorf
Bechhofen
Rückersdorf
Schlauersbach
Neuses
Windsbach
Wolframs-Eschenbach
Merkendorf
Mitteleschenbach
Adelmannsdorf
Aurach
Herrieden
Weinberg
Dombühl
Feuchtwangen
Dentlein
Larrieden
Ornbau
Heglau
Mönchswald
Leidendorf
Haundorf
Triesdorf
Weißes Schl.
Burgoberbach
Rammersdorf
Wasserschloß Lichtenau
Sommersdorf
Großenried
Lammelbach
Roth
Oberschönbronn
Limbach
Leibelbach
Gunzenhausen
Wahrberg
Burgenstr.
Staatsforst Erl- u. Grünwald
Kaltengreuth
Hirschbronn
Kurzendorf
Neunstetten
Winterschneidbach
Wassertrüdingen
Frankenhöhe
Hilsbach
Eckartsweiler
Waizendorf
Lenkersheim
Gutenhard
Steinberg
Höllmühle
Rauenbuch
Rauenzell
Zandt
Bammersdorf
Untere Gerbersdorf
Selgenstadt
Wieseth
Ebersroth
Westheim
Bernhardswinden
Claffheim
Rösmühle
Herrieden
Vehlberg
Hohenberg
Weidenbach
Hirschlach
Dürrnhof
Biederbach
Mittelbach
Wolfsau
Leipersloh
Brunn
Kettersbach
Reuth
Winkelhaid
Unterbach
Windsbach
Wernfels
Spalt
Kalbensteinberg
Theilenberg
27
30
52
82
72
37
16
13
14
6
12
11
5
15
25
30
72
94
82

Wo gibt es was?

Fähnchen- / Nadelnummer = Textnummer ℹ = Auskunft

Ansbach ①–⑫

Die kreisfreie Stadt (40 000 Ew.) im Tal der Fränkischen Rezat ist heute Sitz der Bezirksregierung Mittelfrankens.
Geschichte: Die Stadt entwickelte sich um eine vom adeligen Grundbesitzer Gumbert gegründete Benediktinerabtei (748), die im 11. Jh. in ein Stift der Augustiner-Chorherren umgewandelt wurde. 1040 wird ›Onolzbach‹ urkundlich noch ›villa‹ (= Dorf) genannt, 1221 ist bereits von einer ›civitas‹ (= Stadt) die Rede. Die Grafen Oettingen erhielten 1288 die Vogteirechte, die ihnen 1331 der Nürnberger Burggraf Friedrich IV. von Zollern abkaufte.
Die späteren Hohenzollern errichteten ab 1397 auf dem Areal der heutigen Residenz ein Wasserschloß. Markgraf Albrecht Achilles (1414–1486) erhob um 1456 Ansbach zur Residenz und machte es zum Sitz des ›Kaiserlichen Landgericht Burggraftums Nürnberg‹. Er gründete den süddeutschen Zweig des Ordens der ›Schwanenritter‹.
Im 18. Jh. wurde Ansbach mit dem Bau der barocken Residenz und deren Rokokoeinrichtung zu einem der prachtvollsten Fürstenhöfe Süddeutschlands. Die Tüchtigkeit der aus dem Haus Württemberg stammenden Markgrafenwitwe Christiane Charlotte und die Baulust ihres Sohnes Carl Wilhelm (›Wilder Markgraf‹) schufen Residenz, Orangerie, das Viertel der ›Neuen Auslage‹ sowie eine florierende Fayence- und Porzellanmanufaktur. Auch die Literatur erlebte mit dem Ansbacher Rokokodichter Johann Peter Uz (1720–1796, Denkmal im Hofgarten) und August von Platen (1796–1835) eine Blüte. Karl Alexander (1735–1806) vereinte die Markgrafschaften Ansbach und Bayreuth noch einmal in einer Person. 1791 gab er diese gegen eine Leibrente an die königlichen Vettern in Preußen. 1806 fiel Ansbach an das Königreich Bayern.
Sehenswürdigkeiten: Die ev. *Hof- und Stiftskirche St. Gumbert* ①, die 1736 einen barocken Predigersaal erhielt, besitzt noch romanische und gotische Bauteile, vor allem den gotischen Ostchor (1501–1523), die heutige ›Schwanenritterkapelle‹. Diese enthält Grabplastiken und das Tafelgemälde ›Christus in der Kelter‹ (um 1510, nach einer Zeichnung von Dürer). Unter dieser Kapelle befindet sich die Markgrafengruft mit 25 Sarkophagen der Ansbacher Markgrafen von 1648 bis 1791 – ältester Bauteil die frühromanische Krypta aus dem 11. Jh. (Besichtigung frei–so 11–12, Mai–Sept. auch 15–17 Uhr). Die spätgotische *Johanniskirche* ② mit der Fürstengruft entstand als bürgerliches Gotteshaus (1410 – 1508). Im Viertel der ›Neuen Auslage‹ steht die kath. *Ludwigskirche* (1830–40) ③ in den Formen der damaligen Münchner Schule. In der Rosenbadstraße ④ steht die barocke *Synagoge* (1744–1746).
Sehr lohnend ist ein Gang durch das alte Bürgerviertel mit dem *Rathaus* (1621–1632) ⑤, dem malerischen Beringershof und der ›Herberge zur Heimat‹. In die Altstadt führt von der Promenade her das *Herrieder Tor* ⑥ (1750). Das *Markgrafenschloß* ⑦ geht auf ein gotisches Wasserschloß zurück. An dem Barockbau arbeiteten zwischen 1705 und 1738 die drei Hofarchitekten Gabriel de Gabrieli, Karl Friedrich von Zocha und Leopold Retti. Von den 27 Prunkräumen sind der Festsaal, das Spiegelkabinett, der Kachelsaal und das Audienzzimmer hervorzuheben, dazu die Staatsgemäldesammlung und Sammlung der Ansbacher Fayence- und Porzellanmanufaktur (Apr.–Sept. di–so 9–12, 14–17, Okt.–März 10–12, 14–16 Uhr). Im *Hofgarten* ⑧ (barocker und englischer Stil) die *Orangerie* ⑨, das ›Pomeranzenhaus‹, von 1726 bis 1730 durch Karl Friedrich von Zocha gebaut. Im Innenhof der *Markgräflichen Hofkanzlei* ⑩, in der heute das Amtsgericht residiert, erinnert eine Gedenktafel an Anselm von Feuerbach.
Museen: In der *Karlshalle* ⑪ (1777) sind die Stuckreliefs der 12 Apostel betrachtenswert. Das *Markgrafenmuseum* ⑫ ist in einem historischen Ensemble an der Stadtmauer untergebracht, zeigt Objekte der Orts- und Markgrafengeschichte (Fayencen und Porzellan) und das Schicksal des Kaspar Hauser (di–so 10–12, 14–17 Uhr). – Elektromuseum, Eyber Straße 89 (frei 14–18.30 Uhr)
Freizeit: Ende Juli alle zwei Jahre (1997) die ›Bachwoche Ansbach‹; alle Jahre Ende Mai das Stadtfest und Anfang Juli die ›Ansbacher Rokoko-Festspiele‹; Theater und Konzerte im ›Haus der Volksbildung‹; Stadtführungen; – Freizeitbad ›Aquella‹, Segel- und Motorflug, Tennis, Reiten.
ℹ Amt für Kultur und Touristik, Stadthaus, 91522 Ansbach, Tel. 0981/51243.

Heilsbronn ⑬

Bischof Otto der Heilige von Bamberg stiftete in dem zur Herrschaft der Grafen von Abenberg gehörenden ›Haholdesbrunn‹ 1132 ein Zisterzienserkloster, das von der Abtei Ebrach her besetzt wurde. Der Name wurde von den Mönchen in ›fons salutis‹ (= Heilbrunn) umgedeutet. Das Kloster war bald eines der reichsten in Franken.
Geschichte: Eine vor der Gründung vorhandene Kirche war die Grablege der Abenberger und der Herren von Heideck. Das Klostermünster wurde vom Ende des 13. Jh. bis 1625 als Grablege der fränkischen Hohenzollern und anderer Adelsfamilien genutzt. Die Ansbacher Markgrafen gründeten 1535 eine ›Fürstenschule‹, die 1736 in den Gymnasien von Ansbach und *Bayreuth* aufging.
Im Jahre 1806 kam Heilsbronn mit Ansbach an das Königreich Bayern.
Sehenswürdigkeiten: Die ev. Pfarrkirche wurde 1141 geweiht. Von dieser sind Mittelschiff, nördliches Seitenschiff, Querschiff, Haupt- und Nebenchöre erhalten. Der Ostchor wurde 1263–1284 erweitert, die ›Ritterkapelle‹ im 14. Jh. als Westchor angebaut und das südliche Seitenschiff 1412–1433 zum ›Mortuarium‹ umgebaut. Von den einst 29 (!) Altären sind 9 erhalten. Im Schrein und an den Flügeln des Dreikönigs-Hochaltars (1502–1522) Schnitzwerke aus der Werkstatt des Michael Wolgemut, die Malereien auf der Rückseite werden dem Nürnberger ›Meister des Heilsbronner Hochaltars‹ zugeschrieben. Am nördlichen Nebenaltar (1513) ist das Martyrium der ›Elftausend Jungfrauen‹ dargestellt. Von den Wandgräbern ist das der Markgrafen Friedrich und Georg des Frommen als das Hauptwerk des Eichstätter Meisters Loy Hering (1540) anzusehen. Von den Hochgräbern im Mittelschiff sind die Tumben der Kurfürstin Anna und des Markgrafen Joachim Ernst reich ausgeführt, im Gegensatz dazu das schlichte gotische Hochgrab Konrads von Heideck († 1357). Von den Bauten der Abtei ist die Klostermühle besonders schön. Führungen finden April bis Oktober so 14.00 Uhr statt.
›Heilsbronner Klosterkonzerte‹ (mit dem Windsbacher Knabenchor und mitunter zur ›Bachwoche Ansbach‹ und ›Internationalen Orgelwoche Nürnberg‹). – ›Klosterer Kärwa‹ (Kirchweih) im Oktober, ›Kathreinmarkt‹ im November.
ℹ Verkehrsamt, Kammereckerplatz 1, 91560 Heilsbronn, Tel. 09872/8060.

Weidenbach-Triesdorf ⑭

Zum Markt Weidenbach gehört der weite, teilweise ummauerte Park der Ansbacher Jagd- und Sommerresidenz *Triesdorf*. Im zerstreut liegenden Gebäudekomplex ist heute das Landwirtschaftliche Bildungszentrum untergebracht. Im Gegensatz zur Ansbacher Residenz haben in Triesdorf die Baumeister im 17. und 18. Jh. mit dem ›Weißen‹ und ›Roten‹ Schloß, den Kavaliershäuschen und einigen anderen höfischen Bauten Sparsamkeit üben müssen. Die barocke Pfarrkirche (Leopold Retti, 1736) war auch Hofkirche.
ℹ Marktgemeindeverwaltung, Triesdorfer Str. 8, 91746 Weidenbach, Tel. 09826/888.

Maßstab 1:200.000 — 0 2 4 6 8 10km

In Rothenburgs evangelischer Stadtpfarrkirche St. Jakob steht der Heiligblut-Altar, den Anfang des 16. Jahrhunderts Tilman Riemenschneider schuf.

Eine Zeitreise in die Vergangenheit

Ungefähr ein Siebtel der Romantischen Straße fällt in die Region Mittelfranken. Aber was für ein Siebtel! Rothenburg ob der Tauber und Dinkelsbühl, zwei Perlen, wie jedermann zugeben wird. Mittelalterliche Städteromantik, sehnlichst gesucht von Millionen Besuchern aus aller Welt. Da wären auch noch die Städte Feuchtwangen und Schillingsfürst, die ebenfalls mit viel Sehenswertem aufwarten.

△ Hoch über der Tauber liegt Rothenburg

△ Die Herrngasse in Rothenburg mit dem ›Hotel Eisenhut‹

△ Die Rothenburger Herrngasse wird vom Burgtor überragt

Beliebtes Fotomotiv: Markusturm in der Rödergasse ▽

Das Rathaus am Marktplatz besticht durch die Kombination zweier Baustile: Renaissance und – im Hintergrund – Gotik ▽

Ein touristischer Anziehungspunkt: die untere Schmiedsgasse mit dem ›Plönlein‹, dem malerischen Fachwerkhaus rechts ▽

Eine Prachtstraße vom Main ins Gebirge, 350 Kilometer lang, von Würzburg bis Füssen. Ein touristisches Perlenkollier, die ›Romantische Straße‹. Zwischen den Perlen fünf Brillanten: Würzburg, Rothenburg ob der Tauber, Dinkelsbühl, Augsburg und Schloß Neuschwanstein, ganz im Süden bei Füssen. Hunderttausende reisen Jahr um Jahr auf dieser Route, schauen, staunen, fotografieren. Ob man je herausfinden kann, welches Motiv am häufigsten in den Sucher genommen wird? Die Residenz in Würzburg, Neuschwanstein oder das ›Plönlein‹ in Rothenburg, ein echtes Spitzweg-Motiv?

Wissen sollte man, wie Rothenburg zu Leibe zu gehen ist. Festzustellen ist: Wer mit dem Auto kommt, stellt es auf den Parkplätzen 1, 2 oder 3 ab und wandelt fortan zu Fuß. Vom Parkplatz 3 kommt man durch das Galgen- oder Würzburger Tor in die Stadt, die Parkplätze 1 und 2 liegen beim Spitaltor, der Südbastion von Alt-Rothenburg. Bei diesem Namen kann man schon ahnen, wie sich so eine Reichsstadt mit Zähnen und Klauen seine Freiheit bewahren mußte.
Und ein Geheimtip wäre auch gleich da: Biegt man hinter dem finsterschweren Einlaß in der Spitalgasse gleich links ab, ist das ›Hegereiterhaus‹ nicht schwer zu finden, ein schönes Exemplar Rothenburger Baugesinnung. Die meisten Besucher eilen durch die Spitalgasse, wollen kerzengerade zum ›Plönlein‹ und durch die Schmiedsgassen hinauf zum Marktplatz, wo sich alles trifft. Das Rathaus ragt dort mit seinem mächtigen Turm in die Höhe, und vor dem Jagstheimerhaus steht der wunderschöne Georgsbrunnen aus der Zeit der späten Renaissance. Mancher wirft ein Geldstück in den Brunnen, dabei ist Rothenburg nicht Rom. Man sollte es zur Freude jener Kinder, die sich mit magnetischer Angel zusätzliches Taschengeld aus dem Brunnen fischen, ruhig tun.

Mancher Freund dieser herrlichen Stadt kommt im Dezember zum ›Reiterlesmarkt‹, der Alt-Rothenburger Weihnacht. Wahre Feinschmecker des Städteurlaubs be-

△ Blick durch den Siebersturm in die Gasse Am Plönlein

△ Topplerschlößchen im Taubertal: einst Sommersitz des Bürgermeisters

Häuser in der Unteren Schmiedsgasse ▽

△ Rothenburger Festtage: Jung und alt schlüpft in historische Kostüme ▽

△ Ein Teil der alten Stadtbefestigung: der Siebersturm

Beliebt auf Kirchweih und Festen: die Schäfertanzgruppe ▽

vorzugen sogar den November und Februar. Da ist es ruhig und die Wirte haben Zeit für ein Schwätzchen. Ist aber nicht jedermanns Sache. Manche mögen es eben quicklebendig und kommen zu den Pfingstfestspielen, zum Volksfest Ende Juni oder zum ›Reichsstadtfest‹ im September. Bei diesem Fest geht fast ganz Rothenburg im historischen Gewand, und wenn einmal die Entscheidung fallen sollte, daß auch die Gäste im Kostüm erscheinen müssen, dann ist die dreitägige Zeitreise ins Mittelalter perfekt.

Geboten wird viel bei diesen Festen. Die Schäfer tanzen nach alter Tradition, Laien spielen die närrisch-weisen Sketche des Hans Sachs, Feuerwerksgarben spritzen in den nächtlichen Himmel, und immer wieder gibt es das historische Festspiel vom ›Meistertrunk‹. Den hat Bürgermeister Nusch getan, als er einen Humpen mit dreizehn Schoppen Wein in einem Zug leerte und damit das Leben vierer Ratsherren rettete, die der Feldherr Tilly 1631 nach der Eroberung der Stadt aufhängen wollte. Eine Legende ist es, wohlgemerkt. Aber wer es nicht glauben will, der komme von 11 Uhr bis 15 Uhr oder ab 20 bis 22 Uhr zur vollen Stunde vor die Ratstrinkstube auf dem Marktplatz. Der Mechanismus einer im Giebel angebrachten Kunstuhr läßt den armen Nusch dann immer wieder den Dreieinviertel-Liter-Zug tun.

Man kann stundenlang ohne einen Plan durch Rothenburg schlendern und sich vor dem ersten Regentropfen ins Reichsstadt-, Kriminal- oder Puppenmuseum retten. Schwer wird es sein, das schönste Gasthaus oder die stimmungsvollste Weinstube herauszufinden, weil eben alles in Rothenburg mehr oder weniger zum Verlieben schön und gut ist. Wer die Ordnung bevorzugt, der sollte sich einer Stadtführung anschließen. Wer aber lieber als einsamer Pfadfinder in der Wirrnis von Gassen, Plätzen, Wehrgängen und überraschend schönen Hinterhöfen auf Entdeckung gehen will, holt sich am besten einen Stadtplan und läßt sich von diesem auf vier verschiedenen Rundgängen leiten.

△ Das Schloß der Fürsten von Hohenlohe-Schillingsfürst mit wertvollem Interieur

△ Vom Schloß überragt: Schillingsfürst

Der Kreuzgang der Pfarrkirche in Feuchtwangen ▽

△ Museen in Feuchtwangen: Fahrrad-Oldies ...

... und barocke Feuerspritze ▽

Durch ein schmiedeeisernes Tor gelangt der Besucher in den Ehrenhof des barocken Schillingsfürster Schlosses ▽

Feuchtwangen: Im Hof des Kreuzgangs finden jeden Sommer Freilichtaufführungen statt ▽

Die gotische Stadtpfarrkirche St. Jakob mit dem gewaltigen Kunstwerk des ›Heiligblut-Altars‹ des Tilman Riemenschneider darf man nicht versäumen, auch wenn der Andrang vor diesem Meisterwerk mitunter groß ist. Wer gut zu Fuß ist, wandert hernach unter der südlichen Stadtmauer auf der ›Tauber-Riviera‹ hinunter ins Taubertal und hinaus nach Detwang. Nach einem halben Stündchen steht er in der romanischen Peter- und Paulskirche wieder vor einem ›Riemenschneider‹, dem Kreuzigungsaltar.
Auf dem Rückweg schaut man sich das am Tauberufer stehende ›Toppler-Schlößchen‹ an, das sich der bedeutende Bürgermeister Heinrich Toppler 1388 hat erbauen lassen, um sich dort von seinen anstrengenden Taten auszuruhen. In dem winzigen Gebäude besprach er sogar mit König Wenzel wichtige Dinge. Am Ende haben ihm die Rothenburger Patrizier, zu denen er nicht gehörte, sein unermüdliches Arbeiten für die Stadt schlecht gelohnt: Des Verrats bezichtigt, starb er 1408 in den Verließen des Rathauses. Undank ist schon immer der Welt Lohn gewesen.

Von der Tauber an die Wörnitz, an ihre Quelle sogar. Die kommt aus steinernem Brunnen mitten in Schillingsfürst, einem liebenswürdigen Residenzstädtchen. Nur 15 Kilometer von Rothenburg entfernt, haben hier nicht Ratsherren, sondern die Fürsten Hohenlohe das Sagen gehabt. Weil zur Barockzeit jeder Fürst höfische Pracht brauchte, baute Philipp Ernst von Hohenlohe-Schillingsfürst ab 1705 das dreiflügelige Schloß auf einen Bergsporn der Frankenhöhe, das seither viel Geschichte und manche Geschichten erlebt hat.
Da wäre die Sache mit der ›Legion Mirabeau‹, einer Emigrantenarmee, die Fürst Louis Joseph de Condé, ein Bourbonenprinz, 1791 im Rheinland aufgestellt hatte. Jedem deutschen Fürsten waren diese Freiwilligen politisch unliebsam, die Hohenlohe nahmen sie auf. Mit klingendem Spiel zog die Legion ein, hoher französischer Adel, soweit nicht geköpft, nahm auf Schloß Schillingsfürst Quartier. Die Hohenlohe stellten sogar selbst noch zwei Regimenter zur

△ Dinkelsbühl: Unter Denkmalschutz steht der Hezelhof

△ Idyllisch: das Rothenburger Tor mit dem Gaulweiher

Gotisches Münster St. Georg ▽

△ Wirtshausschild ›Zum Greifen‹

Maurer- und Steinhauer-Zunfttruhe von 1750 ▽

Das wohl schönste Fachwerkhaus in Dinkelsbühl, das Hotel ›Deutsches Haus‹, steht am Weinmarkt ▽

Verstärkung auf und befehligten die bald ›Legion Hohenlohe‹ genannte Armee bis 1829. Als die Herrschaft der Bourbonen in Frankreich endgültig vorüber war, bekam sie einen neuen Namen: ›Fremdenlegion‹.

Schillingsfürst, fast ein Geheimtip an der ›Romantischen Straße‹, hat schon noch mehr Geschichten. Vor der Stadt ist noch ein Pumpwerk erhalten, das die fürstlichen Gärten mit Wasser belieferte und von einem Ochsen angetrieben wurde, der auf einer schrägen Scheibe immer zum Weitergehen gezwungen wurde. Ob das die erste ›Ochsentour‹ der Welt gewesen ist? Fürst Chlodwig von Hohenlohe-Schillingsfürst hatte diese Tour nicht nötig. Von 1894 bis 1900 war er Kanzler des Deutschen Reiches, führte die Geschäfte nicht selten von Schloß Schillingsfürst aus. Sein Bruder Gustav Adolf war Kuriengeneral, und beide waren auf völlig verzwickte Weise mit dem Musikgenie Franz Liszt verwandt, der auch mehrmals auf der Frankenhöhe zu Gast war. Daher steht auch sein Denkmal im ›Kardinalsgarten‹.

Fränkisches Vergißmeinnicht nennt sich Feuchtwangen gern, ein recht passender Name für eine Stadt, die es schwer hat, sich zwischen den touristischen Anziehungspunkten Rothenburg und Dinkelsbühl ins rechte Licht zu rücken. Wer den Marktplatz mit Treppengiebeln, Fachwerk, Brunnen und dem darüber aufsteigenden ehemaligen Klostermünster sieht, ist froh, auf der Umgehungsstraße nicht vorbeigefahren zu sein. Wunderbar stimmungsvoll der romanische Kreuzgang, in dessen Geviert im Sommer für große und kleine Zuschauer Theater gespielt wird. Festspielstadt Feuchtwangen also. Und das ›Frankenmuseum‹ ist allein mit seinen original eingerichteten Handwerkerstuben gewiß die bedeutendste Regionalsammlung Mittelfrankens.

Noch ein Geheimtip: Feuchtwangen ist möglicherweise die Heimat des Minnesängers Walther von der Vogelweide. Der Dichter, so meint ein Würzburger Forscher, sei Lehnsherr auf dem

△ Alljährlich wird in Dinkelsbühl ...

△ Hauptattraktion: der Aufmarsch mit der Kinderlore

... die ›Kinderzeche‹ aufgeführt ▽

Hufeisenwerfen – wie einst ▽

Die Dinkelsbühler Knabenkapelle marschiert in historischen Uniformen durch die Gassen ▽

Zum Festspiel gehört die Beratung der Dinkelsbühler Ratsherren ▽

›Vogelweidehof‹ gewesen, aber nicht auf dem bei Lajen in Südtirol, sondern auf dem in der Gemarkung Aichenzell, einem heutigen Stadtteil Feuchtwangens. Nötig haben die Feuchtwanger den Vogelweider nicht unbedingt, heißt doch ein Schriftsteller schon nach der Stadt: Lion Feuchtwanger, jüdischer Autor des Romans ›Jud Süß‹. Seine Vorfahren lebten bis zum Beginn des 16. Jahrhunderts in der Stadt, nach der sie sich benannten.

›Rothenburg ohne Trompetenklang in der Luft, ohne das Drama des Blutes, ohne den Spuk der Geschichte in der hellen Sonne‹. Der Dichter Kasimir Edschmid über Dinkelsbühl, die einst Freie Reichsstadt, die einen schlichten Namen hat: ein Bühl, auf dem Dinkel angebaut wird. Obwohl, den ›Spuk der Geschichte in der hellen Sonne‹ haben die Dinkelsbühler auch, wenn sie alle Jahre im Juli mit der ›Kinderzeche‹ den Dreißigjährigen Krieg wieder lebendig werden lassen. Aber es ist ja nur die ›Kinderlore‹, die bestens bezopft mit einer Schar kleiner Dinkelsbühler einen schwedischen Obristen um Gnade bittet. Der wird weich, der Lore mit ihren Zöpfen wegen und weil er erst ein Söhnlein verloren hat. Und dann schmettert die berühmte ›Dinkelsbühler Knabenkapelle‹ durch die Gassen, und die ›Kinderzeche‹ ist wieder das, was es immer war: ein Fest für die Schuljugend, deren Ferien nun angebrochen sind.

Viel gibt es zu sehen in Dinkelsbühl, das seine schönste Seite nach Osten wendet, über die Wörnitzwiesen hin. Türme und Tore säumen die umlaufende Stadtmauer und mitten aus dem Dächergewirr erhebt sich der fast bullige Turm des gotischen Georgsmünsters. Auf freundlichen Promenaden kann man die Mauern umrunden und hat immer wieder neue Perspektiven, immer neue Türme und Dachschrägen vor Augen. Am Abend kann man dem Nachtwächter begegnen, und wenn alles finster ist, gibt es bei der Schranne einen Automaten. Mit fünf Mark ist man dabei – und die ganze Stadt wird für ein paar Minuten in magisches Licht getaucht.

BAD WINDSHEIM
52
CREGLINGEN
Archshofen
Neustadt
Gickelhausen
Endsee
Steinach
BURG-BERNHEIM
Marktbergel
Obernzenn
Herrgotts-K.
Oberdachstetten
Flachslanden
Naturpark
Frankenhöhe
Romantische Straße
Burgenstraße
ROTHENBURG ob der Tauber
Gebsattel
Neusitz
Geslau
Colmberg
Lehrberg
Schillingsfürst
Dombühl
LEUTERSHAUSEN
ANSBACH
Wiedersbach
HERRIEDEN
Aurach
Feuchtwangen
FEUCHTWANGEN
Schnelldorf
Wallhausen
Satteldorf
CRAILSHEIM
Kreßberg
Weinberg
Dentlein
Burk
Wieseth
Schopfloch
Dürrwangen
Langfurth
DINKELSBÜHL
Fichtenau
Wilburgstetten
Mönchsroth
Stödtlen
Tannhausen
Ellenberg
Jagstzell
Rosenberg
ELLWANGEN (Jagst)
Fremdingen
WASSERTRÜDINGEN
Ehingen
Westliche
Oettinger Forst
Virngrund
Ellwanger Berge
Deutsche Ferienstr. Alpen-Ostsee
Michelbach
Mistlau
Gerabronn
Frankenheim
Rot am See
Ingersheim
Cr.-Onolzheim
Stimpfach
Hengstfeld
Wettringen
Insingen
Diebach
Schwebheim
Ergersheim
Ipsheim
Illesheim
Lenkersheim
7
6
40
16

Wo gibt es was?

Fähnchennummer = Textnummer ⓘ = Auskunft

Rothenburg ①

Der Stadt (11 907 Ew.) wurde 1274 von Kaiser Rudolf von Habsburg die Reichsfreiheit verliehen. Die gesamte Altstadt steht heute unter Denkmalschutz.
Sehenswürdigkeiten: Einzigartig das gotische Rathaus (13. Jh.), das 1572 ein Renaissancegebäude erhielt. Bürgerhäuser wie das Jagstheimerhaus (1488) mit malerischem Innenhof und das Baumeisterhaus (1596) stehen am Marktplatz. Dort kann man auch den St.-Georgs-Brunnen (1608) bewundern. Bei der ev. Stadtpfarrkirche St. Jakob (gotisch, 1311 bis 1484) ragt der Hochaltar (1466) mit Gemälden von Friedrich Herlin und der ›Heiligblut-Altar‹ Tilman Riemenschneiders (1501–1504) heraus. (Ostern bis Okt. 9–17.30, sonst 10–12 und 14–16 Uhr).
Von der Stadtbefestigung ist auch der innere Mauerring (12./13. Jh.) erhalten: Weißer Turm, Markusturm und Röderbogen mit Turmaufsatz aus dem 16. Jh., das mächtige Burgtor, das Plönlein (Fachwerkhaus mit Wappenschild und Brunnen davor).
Der Hochaltar (1510) der evangelischen Kirche St. Peter und Paul in *Detwang*, ein Werk Riemenschneiders, zeigt den Gekreuzigten inmitten klagender Frauen.
Museen: Reichsstadtmuseum mit Sammlungen zu heimischer Kunst (Apr.–Okt. tgl. 10–17, Nov.–März 13–16 Uhr); Historiengewölbe im Rathaus (Mitte März – Ende Okt. tgl. 9–17 Uhr); Mittelalterliches Kriminalmuseum (Apr.–Okt. tgl. 9–18, Nov.–Feb. 14–16 Uhr); Puppen- und Spielzeugmuseum (tgl. 9.30–18, Jan.–Feb. 11–17 Uhr); Handwerkerhaus (1270) (Apr.–Okt. tgl. 9–18, 20–21, Nov.–März nur sa und so 14–16 Uhr); Toppler-Schlößchen (frei–so 13–16 Uhr).
Veranstaltungen: Konzerte in der Jakobskirche und in der ›Reichsstadthalle‹; Historischer Schäfertanz und ›Hans-Sachs-Spiele‹; historisches Festspiel ›Der Meistertrunk von Rothenburg‹ (um Pfingsten, zur Volksfestzeit im Juli und während der stattfindenden Reichsstadt-Festtage‹ im September); der ›Reiterlesmarkt‹ während der Adventszeit.
Hallenbad und beheiztes Waldschwimmbad, Luftlandeplatz, Reithalle.
ⓘ Kultur- und Fremdenverkehrsamt, Marktplatz, 91541 Rothenburg ob der Tauber, Tel. 09861/404-92.

Schillingsfürst ②

Das Residenzstädtchen breitet sich um einen Bergsporn der Frankenhöhe aus, auf dem eine im Jahr 1000 erstmals genannte Burg stand. Die mehrmals niedergebrannte Burg wurde ab 1705 durch das heutige Barockschloß, eine Dreiflügelanlage, ersetzt. Neuen Glanz erhielt das 1744 in den Reichsfürstenstand erhobene Haus Hohenlohe-Schillingsfürst, als Fürst Chlodwig (1819–1901) von 1894 bis 1900 preußischer Ministerpräsident und deutscher Reichskanzler war. Das Schloß, das als ›Barockmuseum‹ in täglichen Führungen besichtigt werden kann, enthält daher auch zahlreiche Erinnerungen an das ›Zweite Kaiserreich‹. Im Heimatmuseum ›Brunnenhaus‹ (nach Vereinb.) ein barockes Pumpwerk, das von einem Ochsen angetrieben wurde. – Im Schloß Flugvorführungen des Bayerischen Jagdfalkenhofes mit Adlern, Falken und Geiern (Mai–Aug. tgl. 11, 15 und 17 Uhr, Sept.–Okt. tgl. 11 und 15 Uhr). – Waldschwimmbad.
ⓘ Verkehrsamt, Anton-Roth-Weg 9, 91583 Schillingsfürst, Tel. 09868/800.

Feuchtwangen ③

Die Stadt (11 000 Ew.) entwickelte sich um ein im Jahre 1197 gegründetes Augustiner-Chorherrenstift. Im 13. Jahrhundert erlangte Feuchtwangen den Status einer Freien Reichsstadt, verlor ihn aber 1376 an die Burggrafen von Nürnberg, die später ein Oberamt ihrer Markgrafschaft Ansbach einrichteten.
Das historische Stadtbild zeigt sich im Ensemble um den Marktplatz mit dem klassizistischen Rathaus (1817), schönen Fachwerkbauten, dem Röhrenbrunnen (1725) und dem Oberen Tor. An der ev. Stadtpfarrkirche hat sich vom romanischen Münster des Chorherrenstifts das wuchtige Westwerk erhalten. Im gotischen Chor steht der Marienaltar (1484) des Dürer-Lehrers Michael Wolgemut, das geschnitzte Chorgestühl entstand um 1500. An die Kirche angebaut der spätromanische, in zwei Flügeln erhaltene Kreuzgang. Der Kreuzgarten ist seit 1949 im Sommer Schauplatz der ›Kreuzgangspiele‹ .
Museen: Fränkisches Museum mit reichen volkskundlichen Sammlungen, Fayencen und einem Flachsbrechhaus (Apr.–Okt. di–so 10–12, 14–18, Nov., Dez. und März 10–12, 14–17 Uhr, Jan. und Feb. geschl.); – Handwerkerstuben am Kreuzgang mit originalen Arbeitsräumen für Färber, Töpfer, Zinngießer, Zuckerbäcker, Schuster und Weber (Mai–Okt. sa–so 10–12, 14–16 Uhr und nach Vereinb.); Sängermuseum des Fränkischen Sängerbundes (Öffnungszeiten wie Fränkisches Museum); in der zum Fränkischen Museum gehörenden ›Schranne‹ eine Sammlung alter Feuerwehrgeräte; im Stadtteil *Zumhaus* ein Fahrradmuseum mit Tandem–Verleih (Mai–Sept. tgl. 10–17 Uhr). – Stadtbücherei; Frei- und Hallenbad.
ⓘ Kultur- und Fremdenverkehrsamt, Postfach 1257, 91552 Feuchtwangen, Tel. 09852/90444.

Dinkelsbühl ④

Die aus der Wörnitzniederung nach Nordwesten ansteigende Stadt (11 500 Ew.) kann ihren Namen von einem Siedler ›Thingolt‹, einem Thingplatz (Gerichtsstätte) oder dem einst hier angebauten Dinkel haben.
Geschichte: Der Ort, 1188 als ›burgus‹, 1309 als ›oppidum‹ bezeichnet, gewann 1355 die Reichsfreiheit. Im Bild der noch vollständig ummauerten Stadt macht sich die Grenzlage zu Schwaben in der Behäbigkeit der Hausformen bemerkbar. An den Plätzen und Straßen reihen sich hochgiebelige Patrizierhäuser auf, in den Gassen und in den Vierteln der Stadterweiterung des 13. und 14. Jh. sind die Häuser der Handwerker einfach gebaut. Innere Machtkämpfe verhinderte das Dinkelsbühler Patriziat, indem es 1387 auch die Handwerkerzünfte in den Rat holte.
Sehenswürdigkeiten: Hauptkunstwerk ist die kath. Stadtpfarrkirche St. Jakob, die als dreischiffige Hallenkirche 1448 und 1499 unter Beibehaltung von Teilen des romanischen Vorgängerbaus entstand. Eine Barockausstattung wurde im 19. Jh. weitgehend durch neugotische Altäre ersetzt, die noch spätgotische Skulpturen und Gemälde rahmen, etwa die Schreintafel (um 1490) des Hochaltars mit einem Kreuzigungsbild, das dem Nürnberger Michael Wolgemut oder seinem Stiefsohn Wilhelm Pleydenwurff zugeschrieben werden muß. Das Sakramentshäuschen (um 1480) ist in der Art einer Monstranz gearbeitet. Von den bürgerlichen Bauten ist der vom 13. bis zum 15. Jh. entstandene Mauerring mit Türmen und den vier Toren (Nördlinger, Rothenburger, Segringer und Wörnitztor) zu nennen. Das prächtigste Fachwerkgebäude ist das ›Deutsche Haus‹ (um 1600, heute Hotel) am Weinmarkt. Aus dem 16. Jh. stammen die ›Ratstrinkstube‹, das Kornhaus (1508) und die ›Schranne‹. Sehenswert ist auch das Deutschordenshaus (1760–1794), ein vierflügeliger Barockbau.
Museen: Historisches Museum im Spital (März–Nov. tgl. 9.30–12, 13–17, Dez.–Feb. di–so 10–12, 14–16 Uhr); ›Museum 3. Dimension‹ in der Stadtmühle am Nördlinger Tor (Apr.–Okt. tgl. 10–18, Nov.–März so–so 11–16 Uhr).
Veranstaltungen: Alljährlich ab Mitte Juli das historische Fest der ›Kinderzeche‹; das ›Fränkisch-Schwäbische Städtetheater‹ spielt im Sommer im Freien (Garten am Wehrgang), im Winter in der Aula einer Schule; Kurse der Dinkelsbühler Malschule. – ›Dinkelsbühler Radlspaß‹, Planwagenfahrten.
ⓘ Tourist-Information, Marktplatz, 91550 Dinkelsbühl, Tel. 09851/90240.

Maßstab 1:200.000 0 2 4 6 8 10 km

Rund um Ansbach finden sich zahlreiche malerische Flecken. Dazu gehört auch die Ortschaft Rügland. Das Wasserschloß aus dem 17. Jahrhundert ist eine Sehenswürdigkeit.

Landschaftsidyllen und malerische Städtchen

Wen es in die Natur zieht, wer entlang von Rezat und Altmühl die fränkische Landschaft erkunden möchte, ist hier genau richtig. Und er kann gleichzeitig eine Brücke in die Vergangenheit schlagen: Burgen, Schlösser und Festungen führen direkt zu den Hohenzollern. Und in dem romantischen Städtchen Wolframs-Eschenbach ließe sich ein Exkurs in die höfische Minnedichtung machen.

△ Die Colmberger Burg überragt das Altmühltal

△ Leutershausen: Den Marktplatz begrenzt das wuchtige Stadttor

Denkmal für den Motorflieger Gustav Albin Weißkopf ▽

△ Ortsjubiläum Flachslanden: Imker und Spinnerin ▽

Die großartige Anlage des Höhenschlosses Virnsberg bei Flachslanden gehörte einst dem Deutschen Orden ▽

Verwirrend kann das schon sein für den Gast im Land zwischen der Frankenhöhe und dem kreisrunden Kessel des schwäbischen Rieses. In Wolframs-Eschenbach ist er – rein touristisch – im ›Neuen Fränkischen Seenland‹, Windsbach, gar nicht weit weg, zählt sich zum ›Rangau‹ und Wassertrüdingen, ganz nah am Rand des Rieses, gehört zum ›Land an der Romantischen Straße‹. Den Regentropfen, die über der Frankenhöhe aus einer schweren Wolke fallen, kann sogar achtfaches Schicksal zuteil werden. Sie haben dort oben die Auswahl, in die Quellgebiete der Aisch, Altmühl, Bibert, Fränkischen Rezat, Tauber, Wieseth, Wörnitz oder Zenn zu fallen. Alle diese Flüsse entspringen auf der Frankenhöhe, sechs davon haben als Endziel den Rhein und die Nordsee, nur zwei – Wieseth und Altmühl – treiben der Donau und dem Schwarzen Meer zu. Eine europäische Wasserscheide.

Das alles gehört eben zur mehrfach zitierten ›Fränkischen Vielfalt‹, auch daß die drei mächtigsten Burgen der Gegend drei verschiedene Herren hatten. Auf der wehrhaften Burg Virnsberg saßen seit dem Jahr 1294 die Ritter des Deutschen Ordens. Die architektonisch einzigartige Festung Lichtenau wurde von den selbstbewußten Nürnbergern zu einer machtvollen Anlage ausgebaut. Markgraf Albrecht Alcibiades ließ diese zwar 1552 zerstören, doch der Rat der Stadt Nürnberg errichtete zum Ärger des Ansbacher Markgrafen ab 1558 eine noch wehrhaftere Veste. Die Hohenzollern selbst hatten ihre Burganlage in Colmberg, nordwestlich von Ansbach. Von dort aus beherrschten sie das weite Tal zwischen Wörnitz und Altmühl. Im Jahre 1415 erhielt Friedrich VI., Burggraf von Nürnberg und Regent des Ansbacher Landes, die Kurwürde. Er wurde zum Begründer des späteren preußischen Königshauses.

Die Geschichte der malerischen Kleinstadt Wolframs-Eschenbach, bis ins Jahr 1917 noch unter dem Namen Eschenbach bekannt, wurde jahrhundertelang vom Deutschen Orden beeinflußt und geprägt. Zeugen der Geschichte sind

△ Reizvolle Lage: Herrieden mit dem spätgotischen Storchentor und der Altmühlbrücke

△ Schloßanlage in Unterschwaningen

△ Das Mang-Epitaph in St. Martin stammt von 1752

Stimmungsvoll: die fränkische Rezat im Abendlicht ▽

△ Der Stadtkern Herriedens wird durch die Kirche St. Veit bestimmt

Wasserschloß Sommersdorf ▽

heute noch zu bestaunen. Spätmittelalterliche und Renaissance-Architektur geben dem Ort ein vielfältiges Bild. Das Deutschordensschloß von 1623 – besonders schön das Renaissanceportal mit dem Ordenskreuz – und die Ordensvogtei sind Überbleibsel aus dieser Epoche.
Wer durch den Ort geht, stößt aber noch auf ganz andere Spuren: auf die des mittelhochdeutschen Dichters Wolfram von Eschenbach, der um 1170 hier geboren wurde. Wolfram entstammte einem im Ort ansässigen Ministerialengeschlecht. Seine Werke heben sich von der sonstigen höfischen Minnedichtung ab. Die seine Zeit so bewegende Frage, wie die Bewältigung der Welt in Einklang mit dem Seelenheil zu bringen sei, bewegt die von ihm verfaßten Epen. Sein Hauptwerk ist der Parzival. Im Ort erinnert heute ein Brunnen-Denkmal an den Dichter.

Auch die Leutershausener haben ihren Helden: Gustav Albin Weißkopf (1874 – 1927). Dieser wanderte nach Amerika aus und wurde dort zu ›Gustave Whitehead‹. Am 14. August 1901 hat er bei Fairfield, Connecticut, mit einer von ihm selbst gebauten Maschine einen erfolgreichen Motorflug durchgeführt. Eine halbe Meile weit ist er geflogen. Das war zwei Jahre vor den Brüdern Wright, die in aller Welt als die ersten erfolgreichen Motorflieger gelten. Wir wissen jetzt: ein Leutershausener war es, und wer es immer noch nicht glauben will, der schaue sich in der Weißkopf-Abteilung des Heimatmuseums um. Ein Denkmal für ihn steht auch im Städtchen und die ›Flughistorische Forschungsgruppe Gustav Weißkopf‹ hat seine damalige Maschine getreu nachgebaut.

An der Erde haftenden Fußwanderern bleibt als Höhenflug in dieser Landschaft nur der Aufstieg zum 689 Meter hohen Hesselberg, dem ›Heiligen Berg‹ der Protestanten in Bayern, die hier alljährlich am Pfingstmontag zu ihrem ›Bayerischen Kirchentag‹ zusammenkommen. Weit geht der Blick über das Land, bis in das Ries hinein. Fast am Fuß des Berges liegt Wassertrüdingen mit einem wunderschönen Torturm. Unterschwaningen war im 18.

△ Das Merkendorfer Rathaus mit dem ›Krautbrunnen‹

Lichtenau: die ehemalige Festung der Reichsstadt Nürnberg ▽

WOLFRAMS-ESCHENB Die Hauptstraße in ~~Bad Windsheim~~ mit Rathaus und Oberen Tor ▽

△ Wolframs-Eschenbach ehrt den Minnesänger ▽

Einladend: das Obere Stadttor in Wolframs-Eschenbach ▽

Der prachtvolle Fachwerkbau aus dem 17. Jahrhundert besitzt ein schönes Spätrenaissanceportal ▽

Jahrhundert Sommerresidenz der Ansbacher Markgrafen. Hierher zog sich Markgräfin Friederike Luise zurück, von ihrer jungen Ehe enttäuscht. Der Markgraf aber, Carl Wilhelm Friedrich, ›der Wilde‹ und der große Falkner, heiratete schon im zweiten Ehejahr ›zur linken Hand‹ die bürgerliche Eva Elisabeth Wünsch, die Stammutter derer von Falkenhausen. Wie sollte der Name anders lauten?

Ein Phänomen sind die Mumien in der Kapellengruft des Wasserschlosses zu Sommersdorf. Keine Wissenschaft hat bis jetzt herausfinden können, warum die dort beigesetzten Leichname seit der Zeit des Dreißigjährigen Krieges nicht verwest sind. Auch ein schwedischer Obrist ruht dort. Als Verwundeter erhielt er Asyl und blieb bis zu seinem Tod. Uniform und Säbel hat er nicht mehr, seit 1806 Krieger aus Frankreich daran Gefallen fanden. Wer das schöne Schloß Sommersdorf malen will, kann sich die Pinsel dazu im nahen Markt Bechhofen holen, wo das Handwerk der Pinsel- und Bürstenmacher seit Menschengedenken heimisch ist. Ein Pinsel- und Bürstenmuseum beweist es.

Wunderbar läßt sich mit dem Fahrrad das ›Rangau-Quintett‹ abfahren: Herrieden, Ornbau, Merkendorf, Wolframs-Eschenbach und Windsbach. Und jedes dieser ›Nester‹ kann Besonderheiten vorweisen. In Herrieden wurde zur Zeit Karls des Großen Reichsgeschichte gemacht, Ornbau ist mit Tor und Steinbrücke eine der schönsten ›Postkarten‹ an der Altmühl, Merkendorfs Mauern spiegeln sich in einem Schwanenweiher und ein Brunnen zeigt recht lustig an, daß die Leute hier schon immer die größten Krautköpfe ernten, und wenn Wolframs-Eschenbach die Heimat des Parzival-Dichters Wolfram von Eschenbach ist und dies seit 1994 in einem Museum der ganz anderen Art dokumentiert, so hat Windsbach seit 1946 viele kleine Sänger, die in einem Internat leben, im ›Johann-Sebastian-Bach-Gymnasium‹, Weisheit in sich aufnehmen und alle zusammen den weltberühmten ›Windsbacher Knabenchor‹ ergeben.

Flachslanden
Dietenhofen
Ammerndorf
Roßtal
Weinzierlein
Großhabersdorf
Colmberg
Lehrberg
Bruckberg
Großhaslach
HEILSBRONN
Frankenhöhe
Naturpark
LEUTERSHAUSEN
ANSBACH
Petersaurach
Neuendettelsau
Lichtenau
HERRIEDEN
WINDSBACH
WOLFRAMS ESCHENBACH
MERKENDORF
Weidenbach
ORNBAU
Wieseth
Dentlein a. Forst
Burk
Langfurth
Dürrwangen
Muhr a. See
GUNZENHAUSEN
Haundorf
SPALT
Westliche Heide
Östliche
Ehingen
Wittelshofen
Gerolfingen
WASSERTRÜDINGEN
Weiltingen
Oettinger Forst
Fremdingen
OETTINGEN i. Bay.
Hainsfarth
Heidenheim
Markt Berolzheim
TREUCHTLINGEN
Naturpark Altmühltal
Polsingen
Wolferstadt
Marktoffingen
Maihingen
Wilburgstetten
Mönchsroth
Tannhausen
Romantische Straße
Deutsche Ferienstraße Alpen-Ostsee
Burgenstraße
Limes

Wo gibt es was?

Fähnchennummer = Textnummer ❶ = Auskunft

Dietenhofen ①

Der Erholungsort ging aus einem Königshof hervor. Auf der Burg Leonrod saß vom 12. Jh. an ein Adelsgeschlecht, dem auch Ludwig Freiherr von Leonrod entstammte, der 1944 als Widerstandskämpfer hingerichtet wurde. Sehenswert die gotische ev. Pfarrkirche St. Andreas mit spätgotischem Flügelaltar (um 1510). – Im Schlößchen (18. Jh.) befindet sich ein Heimatmuseum (1. So im Monat und nach Vereinb.) – Hallenbad, Badeweiher, Waldspielplätze.
❶ Fremdenverkehrsverein, Rathaus, 90599 Dietenhofen, Tel. 09824/221.

Flachslanden ②

Der Markt auf der Frankenhöhe wurde im 12. Jh. gegründet. Die kath. Kirche Mariä Himmelfahrt (1777–1781) im Ortsteil *Sondernohe* zeigt den Übergang vom Rokoko zum Klassizismus. Über *Virnsberg* (2 km) ragt das Schloß des Deutschherrenordens auf. Die Anlage ist im unteren Teil (Wirtschaftshof, um 1700) zur Barockzeit gebaut, ein mittlerer Hof leitet zum Burgbering (im 15. Jh. in der heutigen Form umgebaut). – Wassersport auf dem ›*Sonnensee*‹.
❶ Verwaltungsgemeinschaft, Marktplatz 1, 91604 Flachslanden, Tel. 09829/9111-0.

Leutershausen ③

Das an der Altmühl gelegene Städtchen gelangte 1318 mit *Colmberg* an die Nürnberger Burggrafen. Von der Stadtwehr sind zwei Tore und Mauerreste erhalten. Sehenswert sind die gotische ev. Pfarrkirche St. Peter (1432) mit Wandmalereien und die gotische (14. Jh.) ev. Pfarrkirche St. Mauritius im Ortsteil *Jochberg* mit Grabmälern der von Seckendorff. Über *Colmberg* (8 km) befindet sich die Burg (13.–16. Jh., Hotel). Im Schloß (1624) ist ein Heimat- und Handwerkermuseum mit Museum für Weißkopf (mo–frei 10–12, mi auch 14–16, so 10–12 Uhr); im Unteren Turm Sammlung ›Bäuerliches Wohnen‹ (nach Vereinb.). – Reitsport (auch Halle), Golfplatz (9 holes) in Colmberg.
❶ Stadtverwaltung, Am Markt 1-3, 91578 Leutershausen, Tel. 09823/951-0.

Herrieden ④

Urzelle des Altmühlstädtchens ist ein im 8. Jh. gegründetes Benediktinerkloster. Seit 888 gehörte Herrieden, seit 1289 Stadt, zur Herrschaft des Fürstbistums Eichstätt. Sehenswert ist die Stiftskirche St. Veit mit gotischem Chor (1447) und einem barockisierten Langhaus. Auf einer Anhöhe die barocke Martinskirche mit Rokoko–Epitaph von Johann Martin Mutschele für den Bürgermeister Johann Adam Mang. Malerisch die Altmühlbrücke mit dem ›Storchenturm‹ der Stadtbefestigung. – Frei- und Hallenbad, Reiten; Kräuterlehrgarten.
❶ Stadtverwaltung, Herrnhof 10, 91567 Herrieden, Tel. 09825/8080.

Windsbach ⑤

Das historische Stadtbild mit zwei Toren, dem Rathaus (1749) und alten Bürgerhäusern ist erhalten. Die ev. Pfarrkirche ist ein barocker Neubau (1728/30). Bedeutend sind die gotischen Fresken (1440) in der ›Gottesruhkapelle‹ mit Darstellungen aus dem Leben Jesu. In *Lichtenau* (11 km) die gut erhaltene Festung (1558–1630) der Freien Reichsstadt Nürnberg. In *Neuendettelsau* (8 km) ist die ev. Pfarrkirche (1899–1901) ein Beispiel für Neuromanik. – Konzerte des ›Windsbacher Knabenchors‹; ›Puppentheater Kaspari‹ im alten Gymnasium im Rahmen der ›Sommerspiele‹ (Mai–Sept.) und im Dezember. – Freibäder in Windsbach und Lichtenau, Freizeitbad ›Novamare‹ in Neuendettelsau, Golfplatz (18 holes) in Lichtenau; Reiten, Kutschfahrten.
❶ Stadtverwaltung, Hauptstr. 15, 91575 Windsbach, Tel. 09871/821.

Wolframs-Eschenbach ⑥

Das Städtchen ist die Heimat des Dichters Wolfram von Eschenbach (um 1170–1220). 1332 zur Stadt erhoben, war es fortan Residenz des Deutschherrenordens, was dessen repräsentative Bauten (Schloß von 1623, heute Rathaus, Vogtei und Fürstengasthaus) bezeugen. Die Stadtwehr mit den beiden Toren ist erhalten. Die kath. Pfarrkirche Mariä Himmelfahrt ist mit ihrem Langhaus von 1300 die älteste gotische Hallenkirche Deutschlands. Im Alten Rathaus befindet sich das ›Wolfram-von-Eschenbach-Museum‹ (Apr.–Okt. di–so 14–17, so auch 10.30–12 Uhr, Nov.–März sa–so 13–16 Uhr). – Stadtführungen; Reiten, Wassersport im ›Neuen Fränkischen Seenland‹.
❶ Stadtverwaltung, 91639 Wolframs-Eschenbach, Tel. 09875/9755-34.

Merkendorf ⑦

Von der Stadtmauer mit drei Toren und acht Türmen umgeben, bietet Merkendorf das Bild einer wehrhaften kleinen Landstadt. 1398 erhielt der Ort Stadtrecht. Die ev. Stadtkirche ist ein gotischer Bau (15. Jh.). Im Alten Rathaus (16. Jh.), einem Steinbau mit Fachwerkobergeschoß, befindet sich das Heimatmuseum (mo–do 8–12, 13–16.30, frei 8–12 Uhr). – Naturfreibad, Reiten, Wassersport am ›*Altmühlsee*‹ (5 km).
❶ Stadtverwaltung, Marktplatz 1, 91732 Merkendorf, Tel. 09826/650-0.

Ornbau ⑧

Der Ort wurde im 9. Jh. gegründet. Teile der Stadtmauer sind erhalten. Malerisch die steinerne Altmühlbrücke mit dem Unteren Tor (16. Jh.). Die gotische kath. Pfarrkirche St. Jakobus (Chor 15. Jh.) erhielt 1967 ein modernes Langhaus. Die frühgotische Friedhofskirche St. Jakobus wurde 1732–1737 barockisiert. – Touristisch wurde das Städtchen durch den Bau des Zuleiters (Naturfreibad, Wassersport) zum *Altmühlsee* aufgewertet.
❶ Stadtverwaltung, 91737 Ornbau, Tel. 09826/378.

Bechhofen ⑨

Bechhofen, ein Zentrum der Pinselfabrikation, wurde 1169 erstmals genannt. Vom Ortsteil *Großenried* ist zu melden, daß dort Goethe am 4. November 1797 im ›Engel‹ übernachtete. Der Zuname Bechhofens ›an der Heide‹ gibt Aufschluß über den Charakter der Landschaft. Auf freiem Feld einer der größten jüdischen Friedhöfe Bayerns. Sehenswert ist die gotische ev. Pfarrkirche (um 1370) in *Königshofen*, einst Marienwallfahrt. Malerisch ist die barocke Mühle in *Wiesethbruck*. ›Deutsches Pinsel- und Bürstenmuseum‹ (März–Nov. so 13.30–16 Uhr). – Hallenbad, Badezentrum am Krummweiher, Reiten.
❶ Marktgemeindeverwaltung, 91572 Bechhofen, Tel. 09822/6060.

Wassertrüdingen ⑩

Die Stadt an der Wörnitz wurde im 13. Jh. gegründet. Die von Johann David Steingruber gebaute ev. Pfarrkirche (1740) ist ein Barockbau mit gotischem Flügelaltar (um 1490). Von der Stadtbefestigung ist das Obere Tor (13. Jh., Umbau 1762) erhalten. Im Stadttor ein Fischereimuseum (nach Vereinb.). Ziele um den *Hesselberg* (689 m) sind *Unterschwaningen* mit den Resten eines Barockschlosses, *Wittelshofen* mit einem geologischen Lehr- und Wanderpfad, das Renaissanceschloß (1555) von *Röckingen*, die frühgotische Nikolauskirche von *Ruffenhofen*, das Trachtenmuseum in *Weiltingen* (Mai–Okt. so 13–16 Uhr) und das Vogelschutzgebiet am Stausee bei *Ehingen*. – Wassersport am *Dennenloher See*; Reiten; Tennis.
❶ Fremdenverkehrsverband Hesselberg, Rathaus, 91717 Wassertrüdingen, Tel. 09832/682224.

Maßstab 1:200.000 0 2 4 6 8 10 km

Im idyllischen Städtchen Markt Erlbach gibt es ein Ausbildungszentrum der ›Pferdefreunde Franken‹. Neben Reiten steht auch Fahren auf dem Programm.

Im Land der Weine und der Karpfen

In ›Frankens gemütliche Ecke‹ lädt ein offizieller Slogan ein. Gemeint ist damit das Land zwischen Frankenhöhe und Steigerwald, das Gebiet um Bad Windsheim und dem historisch schwergewichtigen Neustadt an der Aisch. Gemeint ist auch, daß es in diesem Landstrich noch besonders viele Möglichkeiten für den ›einfachen Urlaub‹ ohne gewollte Betriebsamkeit, gibt. Es ist stilles Bauernland, was sich da ausbreitet. Ist es daher Zufall, wenn das ›Fränkische Freilandmuseum‹ mit seinen musealen Höfen gerade in dieser Ecke Frankens steht?

△ Neustadt: Bad im Neptunsbrunnen

△ Typische Landschaft im Aischgrund

Spätgotischer Altar in der Kirche St. Johannes Baptist ▽

△ Fachwerk-Torhaus von 1787 in Uehlfeld

△ Schloßkonzert in Neustadt an der Aisch

Gut für die Seele: Weiher-Landschaft bei Uehlfeld ▽

Wenn man die Gewerbe- und Industrieansiedlungen rund um Neustadt an der Aisch sieht, mag man nicht glauben, in ›Frankens gemütliche Ecke‹ geraten zu sein. Aber zum einen ist man ja in der Hauptstadt dieses Gebiets und zum zweiten wird es beim Vordringen in die Stadtmitte schon viel gemütlicher. Fassaden, fachwerkbehäbig oder auch nüchterner, das Nürnberger Tor mit seinen dicken Mauern oder historische Amtsgebäude lassen ahnen, daß dieser Stadt eine reiche Geschichte anhängt.

Feuersbrünste, Krieg und die heute unverständliche Lust des 19. Jahrhunderts, sich von Ummauerungen und Stadttoren zu befreien, haben auch in Neustadt an der Aisch viel Historisches vernichtet. Wer nicht nur zum Einkaufsbummel in so eine Stadt kommt, kann an den Relikten all die Wechselfälle der Ortsgeschichte nachvollziehen. Und diese Wechselfälle sind im Fall Neustadt besonders reich. Da ist ein – zugegeben, schon ziemlich ausführlicher Spaziergang – in die Vergangenheit vielleicht einmal reizvoll.

Der erste Weg führt in den westlichen Vorort Riedfeld, zurück zu den Anfängen. Spätestens im 7. Jahrhundert stand hier ein Königshof mit Meierei, Gutshof, Kirche und allem, was zu so einem Reichsstützpunkt gehörte. Damit das junge Bistum Würzburg aufblühen konnte, wurde dies alles 741 zu dessen Ausstattung verschenkt, kam später an Fulda, Lorsch und schließlich an das recht entlegene Bistum Regensburg. Dies erkannte offenbar Bischof Gebhard (1089–1106) und schenkte es seinen Verwandten, den Grafen Raabs, die zwar aus dem gleichnamigen Ort im österreichischen Waldviertel stammten, aber gerade mit dem Burggrafenamt von Nürnberg belehnt worden waren.
Kurz vor dem Aussterben der Raabser erheiratete der Schwabe Friedrich von Zollern mit der Erbtochter Sophie nicht nur dieses Riedfeld, sondern 1192 auch das Burggrafenamt, so daß man sagen kann, daß die ganze Entwicklung der Markgrafschaften Ansbach und Bayreuth

△ Freundlich empfängt das Städtchen Markt Erlbach seine Besucher

△ Lädt heute zur Einkehr, die historische Poststation in Emskirchen

△ Hugenottentracht aus Wilhelmsdorf

Ausbildungszentrum der ›Pferdefreunde Frankens‹ ▽

in diesem heute so unscheinbaren Neustädter Vorort Riedfeld ihren Anfang genommen hat.

Im 15. Jahrhundert erschien Zollern-Markgraf Albrecht III. Achilles (1414 – 1486) auf der Bildfläche. Seine Vorfahren hatten um 1200 neben Riedfeld die ›Newenstat‹ hingestellt, das heutige Neustadt. Befestigungen waren angelegt, der Handel blühte. Ein Herzogtum Franken strebte Albrecht III. Achilles an, was seine Nachbarn unter Führung des Herzogtums Bayern zum Krieg aufrief.
1460 wurde Neustadt von den Bayern belagert und in Hungersnot versetzt. Ein schlauer Schneider schuf Abhilfe: Er zog sich ein Geißbockfell über und hüpfte in Bocksgestalt und laut meckernd auf der Stadtmauer herum. Da glaubten die biederen Bayern, die Stadt habe noch genügend Vorrat, gaben auf und zogen ab. Der Geißbock ist das Wahrzeichen Neustadts geworden. Wer ihn tanzen sehen und meckern hören will, muß sich mittags 12 vor dem Rathaus einfinden, da beginnt er im Uhrtürmchen sein lustiges Spiel.

Neustadt war nun Hauptort im ›Unterland‹ der Markgrafschaft ›Ob dem Gebürg‹ geworden, wie man das von Bayreuth aus regierte Hohenzollernland im Gegensatz zum Ansbacher Fürstentum nannte. Hundert Jahre nach Albrecht III. Achilles wurde Neustadt unter dem Markgrafen Albrecht ›Alcibiades‹ (1522–1557) Residenzstadt (1547). 1568 wurde ein neues Rathaus, ab 1575 das ›Neue Schloß‹ und 1617 die ›Fürstenschule‹, eine Art Gymnasium, erbaut.
Zweimal wurde Neustadt im Dreißigjährigen Krieg noch schwer heimgesucht. Im Jahre 1791 fiel die Stadt dann schließlich an das Königreich Preußen, weil der letzte Markgraf von Ansbach und Bayreuth seine Lande an die Vettern in Potsdam verkauft hatte. Karl August Fürst von Hardenberg (1750–1822), ein tatkräftiger Mann, reformierte die beiden fränkischen Markgrafschaften zur preußischen Provinz und richtete in Neustadt eine Kreisdirektion ein. Neustadt an der Aisch ist noch immer eine der sieben Kreisstädte der Region Mittelfranken.

△ Die Kunst des Zirkelmachens stammt von den Hugenotten

Erholung am Badesee bei Obernzenn ▽

△ Bad Windsheim: Den Schönen Brunnen auf dem Weinmarkt ziert die Figur Karls VI.

△ Der historische Wagnertanz wird in Bad Windsheim alljährlich aufgeführt

Zunfttruhe im Ochsenhof-Museum ▽

Die Kuranlagen, an Sommertagen ein Ziel für Kinder ▽

△ *Ein imposanter Bau: das barocke Rathaus, erbaut 1712/17 nach Plänen von G. de Gabrieli*

Museum im Ochsenhof ▽

Wer diese ›Geschichtstunde‹ durchgehalten hat, der darf sich nun in ein gemütliches Restaurant setzen und einen Karpfen bestellen. Schließlich ist man ja im Land der Karpfen, im Aischgrund mit seinen über 1500 Karpfenteichen. Die meisten Teiche haben übrigens keinen eigenen Zufluß, sind lediglich vom Niederschlag lebende ›Himmelsweiher‹. Die Karpfen-Saison ist vom September bis April. Auf den Tisch kommt der Aischgründer Spiegelkarpfen entweder gebacken oder blau, in den ersten zwei Monaten der Saison bieten ihn fast zwei Dutzend Restaurants in ›Frankens gemütlicher Ecke‹ noch in ganz anderen Zubereitungsarten an.

Hinaus ins Land, auf Schusters Rappen oder Drahteseln die Täler der Zenn und der Aisch aufwärts bis zur Frankenhöhe hinauf, wo beide Flüsse entspringen. Von dem Ort Markt Erlbach mit dem ›Rangau–Handwerkermuseum‹ geht es flußaufwärts durch lauter freundliche Märkte und Dörfer mit alten Schlössern und Kirchen: Neuhof, Trautskirchen mit dem Geburtshaus des DGB-Mitgründers Hans Böckler, Obernzenn. Der Wanderer muß nur auf der Vockenrother Höhe vorsichtig sein. Da ist einem Bauern schon einmal die ›Weiße Frau‹ der Hohenzollern begegnet, die offenbar seit Jahrhunderten einfach nicht genug davon kriegen kann, in ihrem Frankenland unterwegs zu sein.

Ein klein wenig zum Ärger Unterfrankens, das sich ja ›Weinfranken‹ nennt, gibt es auch in ›Frankens gemütlicher Ecke‹ Weinbau und eine ›Mittelfränkische Bocksbeutelstraße‹. An der liegen die Orte Ipsheim und Weimersheim. Sie können sich sogar damit brüsten, die südlichsten Frankenweinlagen zu haben. Und die Weinfeste in dieser Region sind genau so fröhlich wie die Weinfeste in Mainfranken. Stammgäste sind natürlich die Leute aus Bad Windsheim, weil das ja nur eine einzige Bahnstation entfernt liegt, an einer Strecke, die übrigens als einzige dafür sorgt, daß das nahe Rothenburg ob der Tauber nicht ohne Bahnanschluß sein muß (nur weiß das kaum wer, leider).

△ Im Freilandmuseum: Dreschen mit mobiler Dampfkraft

Torhaus des Burgbernheimer Wehrfriedhofs ▽

△ Nostalgische Landtechnik: Mähmaschine von anno dazumal

△ Am Rand von Bad Windsheim erstreckt sich das weite Areal des Fränkischen Freilandmuseums

△ Landleben: Der alte Backofen verlockt zur Pause, ...

... harte Arbeit dagegen, gedroschenes Stroh aufzuschichten ▽

Bad Windsheim paßt in die ›Gemütliche Ecke‹, ist es doch die wunderbare Verbindung zwischen dem historischen Kern einer ehemals Freien Reichsstadt mit ihren prachtvollen Bauwerken und dem Ambiente einer Kurstadt. Nur ein paar Spaziermeter sind es vom Kurviertel ins historische Bad Windsheim, das sich natürlich beim Kiliani–Altstadtfest im Juli von seiner besten Seite zeigt. Da gibt es Schützenlager, Trachtenzug, wilde Haufen aus dem Bauernkrieg, die Wagner führen ihren Tanz auf, und am Abend wird das geradezu fürstliche Barock-Rathaus illuminiert, als fände der große Rathausbrand von 1730 noch einmal statt.
Und wer einmal in einer halben Stunde drei Dörfer abklappern will, muß nur ins dritte Viertel von Bad Windsheim gehen, ins Fränkische Freilandmuseum, wo ein Rundweg von knapp zwei Kilometern zu drei ›Dörfern‹ führt, deren Häuser und Höfe aus allen Teilen Frankens hergewandert und originalgetreu wiederaufgebaut worden sind. Zwei alte Wirtshäuser sind auch darunter. Und die wirken gar nicht museal!

Will man ein Städtchen als ›lieb‹ bezeichnen, dann muß es schon so ausschauen wie das Städtchen Burgbernheim, und die Leute müssen auch so sein, wie die Burgbernheimer. Engel leben hier zwar auch keine, aber die Bewohner halten zusammen, feiern gemeinsam ihre kleinen Feste. Hin und wieder hat man Glück, und es finden sich ein paar treue Seelen, die im Sommer an den Wochenenden den malerisch am Waldrand gelegenen ›Langskeller‹ (Biergarten) völlig uneigennützig aufmachen.
Mancher Besucher hat sich schon gefragt, ob die Burgbernheimer gar so brave Leute sind, weil ihnen ihre Vorfahren vom steilen Friedhofshügel her ständig auf die Finger geschaut haben. Ein wenig nach Zuschauertribüne schaut er tatsächlich aus, dieser Gottesacker. Über dem Städtchen baut sich ein Bergsporn der Frankenhöhe auf. Lichter Wald bedeckt ihn, so freundlich wie Burgbernheim. Mitten darin liegt das ›Wildbad‹, von dessen sieben Quellen noch drei zu benutzen sind.

NÜRNBERG
FÜRTH
ERLANGEN
FORCHHEIM
HERZOGEN-AURACH
NEUSTADT a.d. Aisch
BAD WINDSHEIM
SCHEINFELD
HÖCHSTADT a.d. Aisch
SCHLÜSSELFELD
IPHOFEN
Markt Einersheim
BURG-BERNHEIM
LANGENZENN
ZIRNDORF
Cadolzburg
Emskirchen
Markt Bibart
Markt Erlbach
Naturpark Steigerwald
Naturpark Frankenhöhe
Staatsforst Untere Mark

Wo gibt es was?

Fähnchennummer = Textnummer ⓘ = Auskunft

Neustadt an der Aisch ①

Die Kreisstadt (12 000 Ew.) war vom 15. Jh. bis zum Anschluß an das Königreich Bayern (1810) Oberamtsstadt der Markgrafen Ansbach-Bayreuth. Heute ist Neustadt wirtschaftlicher Mittelpunkt für ein überwiegend von der Landwirtschaft geprägtes Gebiet. Ein Teil des historischen Stadtbildes ist erhalten, auch die Stadtwehr mit sieben Türmen und dem Nürnberger Tor (um 1370). Die ev. Pfarrkirche (1494) besitzt Reste eines niederländischen spätgotischen Schnitzaltars. Das Alte Schloß (1430) ist Heimatmuseum (so 10–12, di 19.30–21 Uhr). Vom Neuen Schloß (1575) steht nur noch der Treppenturm. Das Rathaus (1711/15, Johann Georg Kannhäuser) wurde nach einem Brand (1947) innen neu gestaltet. Am Marktplatz steht der Neptunbrunnen von 1734.
Theater, Konzerte, Stadtführungen. – Waldschwimmbad, Hallenbad, Reiten, Motor- und Segelfliegen. ›Aischgründer Karpfen-Schmeckwochen‹ (Sept. und Okt.).
ⓘ Kultur- und Verkehrsamt, Rathaus, 91413 Neustadt a.d. Aisch, Tel. 09161/66614.

Emskirchen ②

Der Markt breitet sich im tiefen Grund der nördlichen Aurach aus. Sehenswert ist die aus romanischer Zeit stammende ev. Pfarrkirche St. Kilian, die von 1788 bis 1792 im ›Markgrafenstil‹ umgebaut wurde. Das alte Bild haben die Gasthöfe ›Goldener Hirsch‹ (ehemalige Poststation der Thurn und Taxis) und der Fachwerkbau (18. Jh.) ›Rotes Herz‹ erhalten, ebenso eine Hufschmiede (1745) in der Hindenburgstraße 18. Der Herkulesbrunnen (1725) vor dem Rathaus wurde 1801 aus *Baiersdorf* erworben.
Im Ortsteil *Brunn* ist im Schloß das ›Rundfunkmuseum‹ (Mai–Okt. so und feiertags 14–17 Uhr). – In französisch–reformierten Formen zeigt sich die Pfarrkirche (1753) des Hugenottenortes *Wilhelmsdorf* (4 km). Die Hugenotten arbeiteten als Zirkelschmiede, ein heute noch blühendes Gewerbe, das seine Tradition im Reißzeug–Museum darstellt (nach Vereinb.).
ⓘ Marktgemeindeverwaltung, 91448 Emskirchen, Tel. 09104/1081.

Bad Windsheim ③

Die Stadt (12 100 Ew.) mit dem einzigen Heilbad Mittelfrankens geht auf einen Königshof zurück, dessen Martinskirche am Platz der heutigen Kilians–Pfarrkirche stand. 1280 Stadt, erhielt Bad Windsheim 1433 die Rechte einer Freien Reichsstadt. Das an der Nahtstelle der *Naturparks Frankenhöhe* und *Steigerwald* gelegene Städtchen hat heute ein modernes Kurviertel, dessen Anwendungen auf der ›Maximum-Sole‹ und der ›Kiliani-Mineralquelle‹ beruhen.
Sehenswürdigkeiten: Die ev. Stadtpfarrkirche St. Kilian geht auf einen romanischen Bau (1730 abgebrannt) zurück, der im 18. Jh. durch Johann David Steingruber als barocke Predigerkirche erneuert wurde. Das gleiche Schicksal teilte das 1713–1717 als barocker Bürgerpalast nach Plänen von Gabriel de Gabrieli gebaute Rathaus, das aber unverändert wiederhergestellt wurde. Die Altstadt erfreut mit dem Weinmarkt samt ›Schönem Brunnen‹ (1590, Figur 1726). Ein Meisterwerk spätmittelalterlicher Zimmermannskunst ist der Städtische Bauhof (1441).
Museen: Das ›Reichsstadtmuseum im Ochsenhof‹ führt als Heimatmuseum durch die Stadtgeschichte (di, do, sa–so 14–17 Uhr); Vorgeschichtsmuseum in der alten Lateinschule mit Bodenfunden aus vor- und frühgeschichtlicher Zeit (Mitte März bis Mitte Dez. fr, sa, so 15–17 Uhr); der ›Frohsinnshof‹ im Stadtteil *Oberntief* wurde vom Trachtenverein restauriert und als Museum eingerichtet (März–Nov. so und feiertags 12.30–17 Uhr); das ›Fränkische Freilandmuseum‹ im Süden der Stadt (50 Bauernhöfe) hat ein reiches Veranstaltungsprogramm (15. März–15. Okt. di–so 9–18 Uhr, 16. Okt. – 3. Advent di–so 10–16 Uhr, mo geschl.).
Konzerte, Theater, ›Kiliani-Fest‹ mit historischem ›Wagnertanz‹ (Anf. Juli); Kurpark und Kurhaus; Frei- und Hallenbad, Reiten, Golf (24 holes); Weinfeste im benachbarten *Ipsheim* (6 km).
ⓘ Kur-, Kongreß- und Touristik-GmbH, Marktplatz 1, 91438 Bad Windsheim, Tel. 09841/402-0.

Markt Erlbach ④

Der Markt fiel 1282 an die Nürnberger Burggrafen, die den Ort zum Gerichtsmittelpunkt ausbauten. Bis heute hat Markt Erlbach den Charakter einer ländlichen Amtsstadt bewahrt. Die ev. Pfarrkirche St. Kilian (14. Jh.) mit einem wehrhaften Turm (Zugang nur vom Chordach aus über eine einziehbare Brücke) hat durch mehrfache Veränderungen und durch die barocke Einrichtung ihren gotischen Charakter weitgehend verloren. Im Fachwerkbau des ehemaligen Dekanatsgebäudes (1480) ist in fünf Stockwerken das ›Rangau–Handwerkermuseum‹ mit mehreren originalgetreuen Werkstätten (auch einer Bader–Stube!) untergebracht (Anf. Mai – Ende Okt. so und fei 10–16 Uhr und nach Vereinb.).
ⓘ Gemeindeverwaltung, 91459 Markt Erlbach, Tel. 09106/755.

Neuhof an der Zenn ⑤

Der 776 erstmals genannte Markt ist fast vollständig von einer Mauer umgeben. 1945 wurde er schwer zerstört, aber ganz nach dem alten Stadtbild wiederaufgebaut. Die ev. Pfarrkirche St. Kilian ist in der heutigen Form (1771) eine spätbarocke Predigerkirche des ›Markgrafenstils‹. Das vierflügelige Schloß ließ Markgraf Georg Friedrich 1570–73 neu erbauen. Zahlreiche Fachwerkbauten, so auch das Untere Tor (1723), verschönern das Ortsbild. In *Trautskirchen* (4 km) befindet sich die Gedenkstätte für den DGB-Mitgründer Hans Böckler (1875–1951). – Freibad, Reitclub, Wintersport.
ⓘ Gemeindeverwaltung, 90616 Neuhof a.d. Zenn, Tel. 09107/1391.

Obernzenn ⑥

Der Ort geht bis auf karolingische Zeit zurück, war einst Urpfarrei und erlebte als Markt unter den zwei Linien Seckendorff–Aberdar und Seckendorff–Gudent seine Blüte. Ab 1753 war Obernzenn Mitte eines hochgerichtsbaren Ritterterritoriums. Die Hauptsehenswürdigkeit ist das Doppelschloß: Das ›Blaue Schloß‹ der Linie Aberdar entstand 1711–18 (Ostflügel) und 1756 (Westtrakt), das ›Rote Schloß‹ (Linie Gudent) wurde 1745 nach Plänen des Ansbacher Hofbaumeisters Leopold Retti gebaut. Im Ort stehen noch zahlreiche historische Fachwerkbauten, so das Gasthaus ›Zum Roß‹ (1577). – Wassersport am 13 Hektar großen Freizeitsee.
ⓘ Marktgemeindeverwaltung, 91619 Obernzenn, Tel. 09844/1212.

Burgbernheim ⑦

Das malerische Städtchen kam 741 an das Würzburger Bistum, 1180 an die Nürnberger Burggrafen der Zollern, die es im 15. Jh. der Markgrafschaft ›Ob dem Gebürg‹ (Bayreuth) zuteilten. Marktrecht mit einer städtischen Verfassung ist seit dem frühen 14. Jh. nachweisbar. Sehenswert ist u. a. die evangelische Stadtpfarrkirche St. Johannis (Westturm um 1300, gotischer Chor von 1443, Langhaus erst 1876) und die Friedhofsbefestigung, deren Glanzstück das Torhaus (1545) mit Fachwerk auf massivem Unterbau ist. Ein weiterer historischer Fachwerkbau ist die Roßmühle von 1558. Historische Bausubstanz ist auch in *Wildbad* vorhanden. – Geführte Wanderungen; Freibad, Tennis, Schießsportanlage.
ⓘ Fremdenverkehrsverein, Rathausplatz 1, 91593 Burgbernheim, Tel. 09843/309-34.

Maßstab 1:200.000 — 0 2 4 6 8 10 km

Beliebter Treffpunkt in Nürnberg ist der Hauptmarkt mit der Frauenkirche und dem ›Schönen Brunnen‹.

Nürnberg: Tradition auf Schritt und Tritt

Zum Reichtum Nürnbergs trugen viele bei: die wohlhabenden Handelsherren; die fleißigen Handwerker, deren Können Weltruf hatte und deren Sangeslust mit Richard Wagners ›Die Meistersänger von Nürnberg‹ bis auf die Opernbühne vordrang; und schließlich die Künstler der Stadt – wie Albrecht Dürer. Von all dem ist in der heutigen Groß- und Industriestadt viel zu spüren, viel zu sehen, ja sogar – als Rostbratwurst und Lebkuchen – viel zu schmecken.

△ Nürnberg: Hoch über den Dächern der Altstadt thront die Burg

Die gotische Frauenkirche ▽

Figur vom Schönen Brunnen am Hauptmarkt ▽

Brotzeitziel Nummer eins: Bratwurstküche ▽

△ Das Heiliggeistspital mit seinen Bögen: Nürnbergs ›Stadtbrille‹

△ Der Ehekarussel-Brunnen entstand nach einem Gedicht von Hans Sachs

Hinter dem Tiergärtnertor ragt die Burg empor ▽

Besucher der Stadt Nürnberg, die nicht allzu viel Zeit mitbringen, aber doch das Typische dieser Stadt sehen und viel erleben wollen, sollten sich zum mächtigen Rundturm des Frauentors gleich gegenüber des Hauptbahnhofs begeben. Denn dort wartet – die Stadt Nürnberg im Kleinen: die zum Dürerjahr 1971 erfundene nürnbergische Fachwerkkulissenwelt des ›Handwerkerhofes‹.
Hier findet der Besucher fast alles, was das Herz begehrt: Souvenirs für die Daheimgebliebenen, Essen und Trinken in Hülle und Fülle. Zum Beispiel die weltbekannten Nürnberger Bratwürste. Und wer mehr fürs Süße schwärmt, kann sich hier mit den original Nürnberger Lebkuchen eindecken.

Wer die Klippe des ›Handwerkerhofes‹ glücklich umschifft hat, dringt durch die noblen Ladenzeilen der Königsstraße zum eigentlichen ›Schatzkästlein‹ der Stadt vor, dem von Mauern, Türmen und Toren umgebenen Rund von ›Alt-Nürnberg‹. Wer mit System vorgeht, wird vom Frauentor erst einmal zur Umrundung der Stadtwehr aufbrechen und dazu an die zwei Stunden brauchen. Die schönste Sicht auf Burg und auf Stadt, man hat sie von Westen, ist im Sommer allerdings zumeist durch wucherndes Baumgrün fast verstellt.

Beim Tiergärtnertor unterbricht man den Rundgang, gelangt durch einen dunklen Mauerschlund in den Stadtteil unter der Burg, bestellt im Vorgarten des ›Schlenkerla‹ ein Bier und entdeckt gleich links daneben das ›Dürer-Haus‹. Hier hat der Maler also von 1509 an mit Frau und Gesinde gelebt, berühmte Werke gemalt und auf einer Handpresse die Blätter gedruckt, die den Dürers das tägliche Brot einbrachten. Und durch das dunkle Tiergärtnertor hat man ihn dann 1528 hinausgetragen, zum Johannisfriedhof.
Die Dürerzeit – was für eine glänzende Epoche im Leben dieser Stadt! Da lebten die Bildhauer Veit Stoß und Adam Kraft, der Erzgießer Peter Vischer, der Schuhmacher und Poet Hans Sachs und der Humanist Willibald Pirkheimer, Dürers Freund und

△ Der Große Rathaushof im Renaissancestil

Einst Zollamt: die Mauthalle in der Königsstraße ▽

Im Fembohaus, einst repräsentatives Bürgerhaus, befindet sich das Stadtmuseum ▽

△ Der Große Rathaussaal nach der Restaurierung

Der Puttenbrunnen von 1549/57 im Rathaushof ▽

△ Rathaus-Portal mit vollplastischem Giebelschmuck

Gutbürgerliche Wohnkultur von einst im Stadtmuseum ▽

Kaiser Maximilians I. Berater. Zu Dürers Zeit schuf in der Stadt Martin Behaim den ersten Globus; träumte den Traum, den Columbus wahrmachen konnte, weil er die von Nürnberger Handwerkern hergestellten Navigationsinstrumente des Astronomen Regiomontanus und dessen in eigener Druckerei herausgebrachten Ephemeriden benützen konnte. Und Dürers Taufpate Anton Koberger, wie Vater Dürer zunächst Goldschmied, wurde Besitzer einer ersten Großdruckerei, die auch die berühmte ›Weltchronik‹ des Nürnberger Stadtarztes Hartmann Schedel herausgab. So viele Fäden führen in ein einziges Haus in dieser Stadt!

Die Liste der großen Namen ließe sich beliebig fortführen. Da wären die Hohenzollern, deren Fahne noch immer auf der Burg im Winde weht. Aus Schwaben stammen sie, Burggrafen zu Nürnberg wurden sie 1192. Mit schwäbischer Umsicht nutzten sie diese Stellung, erwarben in Franken immer mehr Land, bis sie würdig waren, 1415 zu Markgrafen von Brandenburg erhoben zu werden.
Einer ihrer Zweige blieb im Land, regierte die Markgrafschaft Ansbach und wurde der Freien Reichsstadt Nürnberg oft höchst lästig. Noch heute sitzt die Bezirksregierung Mittelfrankens nicht in der großen 500 000-Einwohner-Stadt Nürnberg, sondern im kleinen Ansbach.

Grandioses wie die romanische Doppelkapelle und Kurioses wie den 53 Meter tiefen Brunnen gibt es auf der Burg zu sehen. Wer auf den runden Sinwellturm steigt, hat Alt-Nürnberg unter sich liegen. Die zwei großen Kirchen markieren die zwei Ur-Stadtteile: Sankt Sebaldus, zu Füßen der Burg, und Sankt Lorenz, jenseits des Pegnitzflusses, der die beiden Viertel trennt.
Wo aus dem Dächergewirr feiner Rauch aufsteigt, da steht eine der berühmten Nürnberger Bratwurstküchen, das ›Häusle‹, das ›Herzle‹, das ›Glöcklein‹ und wie sie alle heißen. Der Fremdling sollte wissen, daß man wenigstens vier dieser kleinen Würste bestellt, mit Sauerkraut, Kartoffelsalat oder aber ›Kren‹, was geriebenen Meerrettich bedeutet.

△ Feinste Gotik: das ›Chörlein‹ am Sebalder Pfarrhof

△ Kaspar-Hauser-Haus am Unschlittplatz

Der Tugendbrunnen ▽

Die ›Volckamersche Passion‹, das Leidenstryptichon des Veit Stoß, befindet sich im Ostchor der Sebalduskirche ▽

△ Christkindlesmarkt: Wenn es duftet und glitzert, ist Weihnachten nah

△ Nicht nur für Kinder: das Spielzeugmuseum

Das Germanische Nationalmuseum von seiner modernen Seite ▽

Auf einem Zinnteller werden sie stets serviert, aber wer zehn oder gar zwölf Stück bestellt, dem werden sie zumeist auf einem Zinnherzen auf den Tisch gestellt.
Wer länger in der Stadt bleibt, wird so eine Bratwurstküche nicht mehr als eine Art Fast-Food-Betrieb ansehen, sondern als einen typischen Nürnberger Treff und als eine richtige Zelebrationsstätte. Im ›Herzle‹, dem Rathaus gleich gegenüber, soll schon Politik gemacht worden sein. Niemals aber an einem Sonntag, denn da sind sie alle geschlossen – wegen der ›Hackfleischverordnung‹. Die würde alle Wirte zwingen, auch an diesem Tag frische Würste zu machen. Nein, aus dem Kühlhaus dürfen sie nicht sein!

Von der Burg im Zickzackkurs durch Schmieds- oder Krämergasse zur schönsten, der gut erhaltenen Weißgerbergasse, mit ein wenig Ehrfurcht im Blick an der Sebalduskirche vorbei zum Hauptmarkt. Sollte hier noch eine Marktfrau in der bäuerlichen Tracht ihr Gemüse verkaufen, dann nichts wie fotografieren! Eine Rarität ist sie! Zwölf Uhr mittags: Zeit des ›Männleinlaufens‹ an der Kunstuhr der Frauenkirche. Sieben Kurfürsten beugen ihre Knie vor Kaiser Karl IV. Dann im Gitterwerk des ›Schönen Brunnens‹ am Rätsel des kunstvoll eingefügten nahtlosen Rings drehen.

Der Ochs steht immer noch auf der Fleischbrücke‹, sagen die Nürnberger, wenn sie Zuversicht meinen. Der Ochse ist aus Stein und steht seit Jahrhunderten an seinem Platz an der besagten Brücke, von der aus man zum Heiliggeistspital schaut. Dort einen Schoppen trinken und wieder weiter. Sankt Lorenz, Sankt Sebald, die Frauenkirche und all die Museen, voran das ›Germanische Nationalmuseum‹, fordern noch so manchen Tag in Nürnberg ab. Nürnberg ist auch die Stadt des Spielzeug und der Spielzeugherstellung. Und so sollte ein Besuch des Spielzeugmuseums auch auf dem Programm stehen. Die Liste der Museen wäre beliebig fortzusetzen. Wie leicht haben es dagegen diejenigen, die einfach im ›Handwerkerhof‹ sitzengeblieben sind!

Nürnberg
ST. JOHANNIS
GÄRTEN H.D.V.
RENNWEG
KLEINWEIDENMÜHLE
SEBALD
LORENZ
GÄRTEN B.W.
ST. PETER
TAFELHOF
GALGENHOF
LICHTENHOF
STEINBÜHL
SANDREUTH
HUMMELSTEIN
NEULICHTENHOF
WERDERAU
Rosenau
Wöhrder Wiese
Hasenbuck
Pegnitz
Hauptgüterbf.
Frankenschnellweg
Vestnertorgraben
Maxtorgraben
Laufertorgraben
Marientorgraben
Frauentorgraben
Spittlertorgraben
Westtorgraben
Neutorgraben
Pirckheimerstraße
Sulzbacher Straße
Bayreuther Straße
Regensburger Straße
Frankenstraße
Landgraben
Pillenreuther Str.
Allersberger Str.
Gudrunstr.
Wodanstr.
Pfälzer Str.
Schuckertstr.
Nopitschstr.
Fürther Str.
Schwabacher Str.
Kohlenhofstr.
Bahnhofstr.
Hauptbahnhof
Hauptmarkt
Rathaus
Hallplatz
Kornmarkt
B 4 R

Wo gibt es was?

Nadelnummer = Textnummer ❶ = Auskunft

Nürnberg

Der Name der 500 000-Einwohner-Stadt wurde 1050 in einer Urkunde Kaiser Heinrichs III. erstmals genannt. Zu Füßen der Burg ›Nouremberc‹ entstand die Siedlung. Vor allem die Stauferkaiser förderten Nürnberg, setzten 1192 die Zollern als Burggrafen ein, bauten die Kaiserburg aus. Kaiser Karl IV. legte 1356 in der ›Goldenen Bulle‹ fest, daß jeder Kaiser zunächst Reichstag in Nürnberg halten müsse. Die Stadt verwahrte von 1424 bis 1796 auch die Insignien der Kaisermacht. 1543 fand der letzte Reichstag in Nürnberg statt, da die Bürger zum Protestantismus übergetreten waren. Im 15. und 16. Jh. kam es zur wirtschaftlichen und kulturellen Hochblüte, wobei die ›Dürerzeit‹ herausragt. Nürnberg herrschte über ein weites Umland, zu dem auch *Altdorf* mit seiner 1622 zur Universität erhobenen Akademie gehörte. 1806 fiel Nürnberg an das Königreich Bayern, entwickelte sich bald zu einem Industriezentrum. Ein Zeichen dafür war die erste deutsche Eisenbahn, die 1835 zwischen Nürnberg und Fürth verkehrte. Heute ist Nürnberg Messestadt und Zentrum eines Ballungsraums.

❶ Verkehrsverein Nürnberg e.V.,
Hauptbahnhof Mittelhalle,
90443 Nürnberg, Tel. 0911/23360.

Die Burg ①

Die Nürnberger Burg ist eine der bedeutendsten Wehranlagen Europas. Sie besteht aus der zwischen Luginsland und Fünfeckigem Turm 1495 erbauten Kaiserstallung. Von der 1420 in einer Fehde zerstörten Burggrafenburg stehen noch die Walpurgiskapelle und die Burgamtmannswohnung. Von der Freiung führt ein Tor am Sinwellturm vorbei in den äußeren Hof der Kaiserburg, die mit Heidenturm, romanischer Doppelkapelle (um 1190), Palas und Kemenate (beide um 1440 gotisch umgebaut) den westlichen Bergsporn einnimmt. Bei Führungen werden die Doppelkapelle, zwei Burgsäle mit mächtigen Balkendecken und einige Kaiserzimmer gezeigt. Mit einer kombinierten Eintrittskarte kann auch der ›Tiefe Brunnen‹ (53 m) besichtigt und der runde Sinwellturm bestiegen werden. (Apr.–Sept. tgl. 9–12 und 12.45-17 Uhr, Okt.–März tgl. 9.30–12 und 12.45–16 Uhr).

Sebalder Viertel ② – ⑤

Zentraler Mittelpunkt des Stadtviertels ist der monumentale *Hauptmarkt* ② mit dem 19 Meter hohen ›Schönen Brunnen‹ (Mitte 14. Jh., 1899–1903 erneuert) und der gotischen kath. Frauenkirche (1352–1361, Tucher-Altar von 1440), der ersten Hallenkirche Frankens, in deren Westgiebel das ›Männleinlaufen‹, eine Kunstuhr von 1509 (täglich mittags 12 Uhr). Dem Hauptmarkt wendet sich der neue Teil (1955) des Rathauses zu. Das *Alte Rathaus* (1340) ③ birgt den Großen Saal (40 m Länge), das Neue Rathaus mit Hallengewölbe im Parterre ist ein Renaissancebau (1616–1622). Südlich des Hauptmarktes, an der Pegnitz, steht das ab 1332 erbaute und im 16. Jh. erweiterte Heilig-Geist-Spital mit dem ›Kreuzigungshof‹. Bei der Maxbrücke ist der ehemalige Weinstadel (1448) ein wunderschöner Fachwerkbau.

Das Mittelschiff, der Westchor und die unteren Teile der Türme der *Sebalduskirche* ④ sind Romanik, entstanden zwischen 1230 und 1273. Der hochgotische Hallenchor (1361–1379) überragt das Langhaus bei weitem. Hauptsehenswürdigkeit ist das Sebaldusgrab, 1508/1519 vom Nürnberger Erzgießer Peter Vischer geschaffen. In der Kirche Werke von Veit Stoß, vor allem das ›Volckamersche Triptychon‹ (1499), in dessen bewegter Abendmahlsszene sich der Meister selbst dargestellt hat. Nördlich und westlich der Sebalduskirche gibt es noch malerische Gassen mit dem *Dürerhaus* (15. Jh.) ⑤ am Tiergärtnertor und dem Fembohaus (1591–1596, Stadtmuseum), dem einzigen vollständig erhaltenen Patrizierhaus Nürnbergs.

Lorenzer Viertel ⑥ – ⑦

Am Schnittpunkt von Königs- und Karolinenstraße strebt die mächtige Westfassade (Mitte 14. Jh.) der *ev. Lorenzkirche* ⑥ (Baubeginn um 1270, spätgotischer Ostchor 1439–1477) empor. Die bedeutendsten Kunstwerke sind der ›Englische Gruß‹ (Rosenkranzmadonna), und das Sakramentshaus (1493-1496) des Adam Kraft, dazu wertvolle Altäre und der Zyklus gotischer Glasmalereien. Gegenüber der Westfassade von St. Lorenz steht das Nassauer Haus, ein Wohnturm, dessen untere Teile aus der Zeit um 1200 stammen. Der Tugendbrunnen (Benedikt Wurzelbauer, 1584-1589) ist Auftakt zu einer Reihe von Brunnen in der Karolinenstraße. Henry Moores ›Großer Totem‹ (1968) wurde 1980 aufgestellt, das ›Ehekarussell‹ (Jürgen Weber, 1984) beim Weißen Turm zeigt nach einem Gedicht von Hans Sachs die guten und schlechten Seiten der Zweisamkeit. Ein malerisches Ensemble bilden am Unschlittplatz einige historische Häuser mit dem *Unschlitthaus* ⑦ (1490, ehemaliger Kornspeicher) und dem Dudelsackpfeiferbrunnen (um 1550).

Westliche Vorstadt ⑧ – ⑨

Westlich der Stadtmauer breitet sich die *Hallerwiese* ⑧ aus, der mittelalterliche Sportplatz der Nürnberger, auf dem die ›Meistersinger‹ ihre Wettsingen veranstalteten. Über die Klein- und Großweidenmühle kommt man zum *Johannisfriedhof* ⑨. Hier liegen berühmte Nürnberger wie Albrecht Dürer, Veit Stoß und Hans Sachs begraben. Einige Höfe in der Johannisstraße (Haus Nr. 13!) sind als barocke ›Hesperusgärten‹ gestaltet.

Museen ⑩ – ⑭

Germanisches Nationalmuseum ⑩ (Kornmarkt): größtes Museum deutscher Kunst und Kultur, angeschlossen das Gewerbemuseum und das Kunstpädagogische Zentrum; (di–fr 9–17, do auch 20–21.30 Uhr, sa–so 10–17). Fembohaus (Burgstr. 15): Alt-Nürnberger Entwicklungsgeschichte und Wohnkultur; (März–Okt. und während des *Christkindlmarktes* di–so 10–17, mi bis 21, Nov.–Feb. di–fr 13–17, mi bis 21, sa–so 10–17 Uhr). *Spielzeugmuseum* ⑪ (Karlstr. 13–15): Objekte aus allen Ländern; (di–so 10–17, mi bis 21 Uhr). *Verkehrsmuseum* ⑫ (Lessingstr. 6): historische Bahnen, Postgeschichte; (tgl. 9.30–17 Uhr). *Tucherschlößchen* ⑬ (Hirschelgasse 9): Patrizierhaus der Renaissance; (Führungen mo–do 14, 15, 16, fr 9, 10, 11, so 10, 11 Uhr). *Kunsthalle* ⑭ (Lorenzer Str. 32) und Norishalle (Marientorgraben 8); Zeitgenössische Kunst; (beide di–so 10–17, mi bis 21 Uhr). Museum Industriekultur (äußere Sulzbacherstr. 62): mit Wohn- und Ladeneinheiten, Dampfmaschinenhaus; (di–so 10–17, mi 10–20, Führung so 11 Uhr). Gewerbemuseum (Gewerbemuseumsplatz 2): deutsches und außereuropäisches Kunsthandwerk; (di–fr 10–17, Apr.–Okt. zusätzlich sa–so 10–13 Uhr).

Kultur und Freizeit ⑮ – ⑰

Neben dem *Opernhaus* ⑮, dem *Schauspielhaus* ⑯ und den Kammerspielen bietet Nürnberg private Theater und Kleinkunst, wie die ›Altstadthofbühne‹ (Bergstr. 19) und das stadtteil- und ausländerbezogene ›Gostner Hoftheater‹ (Austr. 70); große Konzerte in der Meistersingerhalle (Münchner Str. 21); Internationale Orgelwoche (Juni); Bardentreffen (Anfang August); Altstadtfest (zweite Septemberhälfte); Christkindlemarkt (ab Freitag vor dem 1. Advent); *Handwerkerhof* ⑰ am Nürnberger Hauptbahnhof. Waldpark am Schmausenbuck mit Tiergarten und Delphinarium (März.–Okt. 8.00 bis zum Dunkelwerden, Nov.–März ab 9.00 Uhr)

Maßstab 1:12.500 — 0 150 300 450 600 m

Zur Kirchweih hat Fürths gründerzeitliches Stadttheater am Hallplatz ein ganz ungewöhnliches Gesicht.

Durch die Reichswälder bis nach Fürth

Die Nürnberger haben es gut: Ihre Erholung kann schon mitten in der Stadt beginnen; kleine Seen, zwei ausgedehnte Waldungen, Reichswälder genannt, sogar ein Dichtergarten aus der Barockzeit locken ins Freie. Dazu Landsitze einstiger Patrizier und Stadtteile, die richtige Dörfer sind. Auch die Region rund um Nürnberg hat einen hohen Freizeitwert. Fürth jedoch – bei aller Nähe zur großen Schwester – ist kein Nürnberger Vorort.

△ Großes Vergnügen mit der Kleinbahn im Nürnberger Tiergarten

Nürnberger Volksfest ▽

△ Giraffennachwuchs im Zoo

△ Dutzendteich mit dem Torso der Kongreßhalle aus der Zeit der ›Reichsparteitage‹

△ Wer da noch mitfahren könnte! Nostalgie im Straßenbahnmuseum

Konzert in der Nürnberger Meistersingerhalle ▽

Ballungsraum Nürnberg, eigentlich kein schönes Wort für das Stück Land zwischen Nürnberg und der Nachbarstadt Fürth. Vieles ist noch wie einst. Wenn auch den 200 Quadratkilometern des Sebalder und Lorenzer Reichswaldes der Siedlungs- und Straßenbau so manches Stück abgezwackt hat, so durchziehen diese Forste noch immer Wanderwege. Da lassen sich zum Beispiel Sportbegeisterung und Wanderlust vereinen, wenn man dem Gelände des 1. FC Nürnberg, des berühmten Fußballclubs, im Stadtteil Zerzabelshof einen Besuch abstattet. Vom dortigen Valznerweiher wandert man in einer guten Stunde auf dem ›Lohengrinweg‹ an Feuchtbiotopen und Weihern vorbei bis nach Fischbach hinaus, das immer noch zur Stadt gehört. Am Valznerweiher beginnt auch der ›Birkenweg‹, der in einer halben Stunde zum Tiergarten am Schmausenbuck führt.

Die beiden Reichswälder liegen unmittelbar vor der Haustüre der Nürnberger. Doch auch Nürnberg bietet reichlich Erholungsmöglichkeiten. Gleich östlich der Stadtmauer weitet sich die Pegnitz zum Wöhrder See, einem Ruder- und Segelrevier mitten in der Stadt. Dahinter öffnet sich ein lieblicher Wiesengrund, gesäumt von einstigen Dörfern, die als heutige Stadtteile Erlenstegen, Mögeldorf oder Laufamholz ihre Namen und manches historische Bauwerk behalten haben. Da ist aber noch ein anderes Wasserrevier in der Stadt, gleich hinter der Meistersingerhalle und dem Volksfestplatz am Luitpoldhain: der Dutzendteich. Hier war einst der Tierpark, der dann jenen großspurigen Bauten weichen mußte, die Adolf Hitler für seine Reichsparteitage dringend benötigte.

Wer als Messebesucher nach Nürnberg kommt, der könnte sich das Vergnügen machen, das Messegelände nicht mit U-Bahn oder Auto, sondern zu Fuß oder per Fahrrad anzupeilen. Die Route verläuft von der Meistersingerhalle durch den Luitpoldpark zum Kleinen Dutzendteich und von dort am Silbersee (der heißt wirklich so) und Silber-

△ Das Tor zum Irrhain bei Kraftshof steht jedem offen

Das ›Knoblauchsland‹: Gemüsegarten dreier Städte ▽

Schloß Neunhof präsentiert Wohnkultur von einst ▽

△ Burg Kraftshof birgt Grabdenkmäler der Familie Kress

Industrie antik: die Mühlensiedlung im Nürnberger Vorort Hammer ▽

Nürnberger Verkehrswege: Südwest-Tangente am Europakanal ▽

buck (356,1 m über dem Meer!) vorbei zu den Messehallen. Von dort aus ist es nicht mehr weit bis zur Trabantenstadt Langwasser, einem Musterbeispiel für die Baugesinnung der letzten Jahrzehnte. Einfallslos die ersten Quartiere und die Hochhäuser der zweiten Bauperiode. Erfreulich hingegen das Viertel im Nordosten der U-Bahnstation, wo die Häuser wieder Dächer, Giebel und Erker haben .

Wie anders hat da der Nürnberger von einst gewohnt – falls er sich zu den Patriziern zählen konnte. Er richtete sein Haus in der Stadt prächtig ein, oft um einen Innenhof herum. Bestes Beispiel dafür ist das ›Tucherschlößchen‹ in der Hirschelgasse. Man hatte zu jener Zeit auch eine ›Sommerfrische‹, in Gestalt eines der für die unmittelbare Nürnberger Umgebung typischen Herrensitze. Sie waren nicht nur ein willkommener Aufenthaltsort in der warmen Jahreszeit, sondern auch eine Quelle zusätzlicher Einnahmen durch den Ertrag der dazugehörenden Felder, Teiche oder auch Mühlen.

In und um Nürnberg gibt es heute noch an die hundert solcher ›Sitzlein‹. Einige sind als Museum zugänglich, wie einer der schönsten Herrensitze, Schloß Neunhof, mitten im nördlich von Nürnberg sich ausdehnenden ›Knoblauchsland‹ gelegen. Hier ist alles Schönheit, bis in die putzige Schauküche hinein, die zum Kochen ungeeignet war. Ganz anders der Ansitz Hammer im Stadtteil Laufamholz. Da hat sich ein Fabrikgut in schier einmaliger Weise erhalten, das zuletzt eine Messinghütte gewesen ist, deren Werke erst die Bomben von 1943 stillegten.

Im ›Knoblauchsland‹ wird schon lang kein solcher mehr angebaut, dafür Spargel, auch schlichteres Gemüse und sogar – um Großgründlach – Tabak. Flach ist hier das Land, im Frühling meint man, ein Verpackungskünstler habe sein Unwesen getrieben, wenn die Spargel- und Salatfelder der früheren Ernte wegen mit Folien abgedeckt sind. Echte Kunst ist im ›Knoblauchsland‹ mit Kirchtürmen bestückt, dem von Kraftshof etwa, der zu einer eindrucksvollen Wehrkirche gehört.

△ Freizeitfreuden in der ›grünen‹ Großstadt Fürth

△ Fürth: gemütliches Lokal in der Altstadt

△ ›City Center‹

Breitgeschlagen: Blattgold-Traditionen im Stadtmuseum Schloß Burgfarrnbach ▽

Fürther Spiegelmacherkunst ▽

Die Schwabacher Straße, die auf das Rathaus zuführt, ist eine von Fürths Flaniermeilen ▽

Nur einen Spaziergang weit ist es von Kraftshof zum Idyll des ›Irrhains‹. Den haben 1676 die Poeten des ›Pegnesischen Blumenordens‹ angelegt. Der Gründer dieses Dichterkreises, Philipp Harsdörffer, glaubte, man könne jedermann in sechs Stunden die deutsche Dichtkunst ›eintrichtern‹. Sein 1647 erschienener ›Poetischer Trichter‹, der den Nürnbergern den Spitznamen ›Trichterstädter‹ eingebracht hat, war der nötige Kurzlehrgang.

Was den Nürnbergern der Trichter, ist den Fürthern das dreiblättrige Kleeblatt: ihr Stadtwappen. Die ›Kleeblätter‹ haben auch allerhand glückliche Umstände vorzuweisen. Das Fürther Versandhaus Quelle bringt mit mancher in aller Welt begehrten Industrie gutes Geld in die Stadtkasse. Der praktische Geist, der in Fürth immer vorgeherrscht hat, macht aus diesem Fleiß eine immer wohnlicher werdende Stadt. Diese pflegt historische Ensembles und hat das weitläufige Schloß im eingemeindeten Burgfarrnbach zum Kultur- und Bildungszentrum ausgebaut.

Ein Bummel durch Fürth läßt die vielen unterschiedlichen Gesichter dieser Stadt erkennen. Die Prachtfassaden der Belle Epoque an der Hornschuchpromenade erzählen von erfolgreichem Handel und aufstrebender Industrie der ›Gründerzeit‹. Das Rathaus zeigt sich sogar als Teil-Abbild des Palazzo Vecchio von Florenz. Und der neubarocke Glanz des Stadttheaters belehrt jeden eines Besseren, der glaubt, der Fürther denke nur an seine alljährliche „Kärwa“, die größte Straßenkirchweih in Bayern.

Fürths Geschichte wurde von drei ›Herren‹ bestimmt: den Bischöfen von Bamberg, den Markgrafen von Ansbach und von der Reichsstadt Nürnberg. So konnte Toleranz gegenüber andersdenkenden Menschen wachsen. Dies brachte eine starke jüdische Gemeinde hervor, deren Talmud-Hochschule in ganz Europa gerühmt wurde. Auch die französischen Hugenotten und Holländer fühlten sich in dieser weltoffenen Stadt wohl.

ERLANGEN
HERZOGEN-AURACH
FÜRTH
NÜRNBERG
ZIRNDORF
Oberasbach
Stein
SCHWABACH
ROTH
LAUF
RÖTHENBACH a. d. Pegnitz
Feucht
Schwarzenbruck
Wendelstein
Allersberg
ABENBERG
Heroldsberg
Sebalder Reichswald
Lorenzer Reichswald
Flughafen Nürnberg
Tennenlohe
Kalchreuth
Eckental
Uttenreuth
Buckenhof
Spardorf
Neunkirchen a.Brand
Dormitz
Brand
Eschenau
Großgeschaidt
Schwaig b. Nürnbg.
Behringersdorf
Rückersdorf
Diepersdorf
Leinburg
Fischbach
Altenfurt
Moosbach
Winkelhaid
Pyrbaum
Postbauer-Heng
Seligenporten
Freystadt
Kornburg
Katzwang
Rednitzhembach
Schwanstetten
Büchenbach
Pfaffenhofen
Wolkersdorf
Rohr
Roßtal
Cadolzburg
Veitsbronn
Seukendorf
Großhabersdorf
Burgthann
Röthenbach b. St. Wolfgang
Staatsforst Brunnau
Rother Stadtwald
E 45
E 50
E 51
E 56

Wo gibt es was?

Fähnchennummer = Textnummer ℹ = Auskunft

Nürnberg-Großgründlach ①

Der Markt mit drei Toren gelangte 1343 in den Besitz der Kunigunde zu Orlamünde, der ›Weißen Frau‹ der Hohenzollern. Ihr einst liegender und daher abgetretener Grabstein ist neben anderen Epitaphien in der ev. Pfarrkirche St. Lorenz zu sehen. Ab 1572 war Großgründlach im Besitz Nürnberger Patrizier. Die gotische Pfarrkirche, mit Schloß und Dorf 1634 in Schutt und Asche gelegt, hat noch einen gotischen Chor. Bemerkenswert sind die Glasgemälde im Ostfenster des Chors (Veit Hirsvogel, um 1520) und der Grabstein für Johann Sigmund Pfinzing vom Bamberger Meister Bonaventura Mutschele.

Nürnberg-Neunhof ②

Mitten im ›Knoblauchsland‹ liegt das Patrizier-Schloß Neunhof (Jagdmuseum des Germanischen Nationalmuseums). Der von Zwinger und Graben umgebene Bau entstand 1484 im Stil eines spätmittelalterlichen Weiherhauses. Er besticht mit der Dreiergruppe seiner ›Zwerchhäuser‹ (Mansarden). Der Barockgarten wurde im 18. Jh. angelegt. Im Inneren präsentiert das Schloß auf drei Etagen Wohnkultur des Patriziats (Apr.–Sept. sa–so 10–17 Uhr; Barockgarten Apr.–Okt. tgl. 10–19 Uhr).

Nürnberg-Kraftshof ③

Die 1315 geweihte Kirche mit dem Wehrfriedhof (1505–1510 erneuert) ist der Familie Kreß von Kressenstein zu verdanken. Ihr Schloß ging 1943 mit der Kirche im Bombenhagel unter. Rush Kress, Angehörger eines nach den USA ausgewanderten Zweiges der Familie, ließ die Wehrkirchenanlage nach dem Krieg wiederherstellen. Die ab 1438 umgebaute gotische Pfarrkirche St. Georg besitzt vier gotische Altäre und Grabmäler der Familie von Kressenstein. (sa und so 8–17 Uhr, mo–frei nur nach Voranmeldung). Der Wehrfriedhof mit Wehrgang ist einer der am besten erhaltenen dieses Typs in Franken.
500 Meter östlich des Ortes der 1676 angelegte, jederzeit zugängliche ›Irrhain‹ des ›Pegnesischen Blumenordens‹ mit Rundbogenportal und Gedenksteinen.

Nürnberg-Mögeldorf ④

Kaiser Konrad II. stellte schon 1025 Urkunden bei einem Aufenthalt im Reichsgut Mögeldorf aus, das 1899 vom etwas jüngeren Nürnberg eingemeindet wurde. Aus der Kapelle des einstigen Königshofes ging die ev. Pfarrkirche St. Nikolaus und Ulrich (Chor um 1350, Langhaus 1414–1416) hervor, die zusammen mit drei Herrensitzen auf malerische Weise den Dorfhügel besetzt. Das Hallerschloß entstand in der heutigen Form 1482. Das Baderschloß an der Hauptstraße ist eine nach Zerstörung 1559 neu gebaute Dreiflügelanlage.

Nürnberg-Laufamholz ⑤

Der Name (= Holz beim Lauf, also einem Wasserfall) stand einst für ein Dorf, das Mühlenwerk Hammer und die Burg Oberbürg, die den Zweiten Weltkrieg nur als Torso überlebte. Im Ortsteil *Hammer* steht eine historische Gewerbesiedlung. Das Ensemble mit Herrenhaus und Wohnungen für die Arbeiter ist abgeschlossen und nur über zwei Tore zu betreten. Der Obelisk kam erst später aus einem Garten im Nürnberger Ortsteil *Gostenhof* nach Hammer.

Nürnberg-Fischbach ⑥

Das heute noch vom Lorenzer Reichswald fast eingeschlossene Dorf war einst Ansiedlung von Zeidlern (= Imkern), wie der Nachbarort *Birnthon* mit seinem höchst malerischen Schlößchen, zu dem ein Zeidlergut gehörte. In Fischbach gibt es vier Herrensitze. Das Alte Harsdorf`sche Schloß ist ein Fachwerkbau von 1552, das Neue Schloß, im Zweiten Weltkrieg zerstört, ist eine Rekonstruktion des einstigen Barockbaus. Das Scheurl`sche Schloß, ein altes Zeidelgut, wurde 1633 neu gebaut, und das Pellerschloß von 1552 ist ein schönes Beispiel eines Nürnberger Herrensitzes.

Nürnberg-Katzwang ⑦

Katzwang, 1972 eingemeindet, liegt zwischen dem Rednitzfluß und dem Main-Donau-Kanal. Der Ort mit fast 10 000 Einwohnern soll schon um 760 vom Eichstätter Bischof Willibald der Abtei Ellwangen geschenkt worden sein, tritt aber urkundlich erst 1152 als Ellwanger Besitz auf, der 1296 an die Zisterzienser von Ebrach verkauft wurde. Die ev. Pfarrkirche ist eine Chorturmanlage des 13. Jh., deren frühgotisches Kreuzgewölbe alle Anzeichen der Romanik trägt. Der Hochaltar birgt im Schrein eine Madonna (um 1430), der Leonhardsaltar entstand um 1480. Das Sakramentshäuschen (1518) und ein Kruzifixus (1519) sind Arbeiten des Nürnberger Meisters Veit Wirsberger. In die Befestigung des Friedhofs ist ein zweigeschossiger Karner (Anfang 16.Jh.) eingebaut.– Die kath. Kirche Mariä Himmelfahrt entstand 1969 nach Plänen von Friedrich Haindl, München. Im grünen Geviert steht ein kubisches Gebäude, den Kirchhof umschließen Pfarrhaus und Glockenturm.
In *Kornburg* (2 km) ist die Wehrkirche ein Barockbau (1739) mit einem für den ›Markgrafenstil‹ typischen Kanzelaltar. In *Reichelsdorf* erkennt man am Waldstromer-Schlößchen (1636) die einstige Anlage als Wasserschloß. Das Geschlecht der Waldstromer erhielt 1223 von Kaiser Friedrich II. das Forstmeisteramt des Reichswaldes. Der ›Reichelsdorfer Keller‹ ist ein Ausflugsziel der Nürnberger.
ℹ Für alle Vororte:
Verkehrsverein Nürnberg e. V.,
Hauptbahnhof Mittelhalle,
90443 Nürnberg, Tel. 0911/23360.

Fürth ⑧

Fürth ist mit 107 000 Einwohnern eine bedeutende Industriestadt. Sie ging aus einem Königshof hervor. Bis 1806, als Fürth an Bayern kam, hatte es die Teilung in die drei Herrschaften der Markgrafen von Ansbach, der Bamberger Fürstbischöfe und der Reichsstadt Nürnberg zu ertragen. Nachdem 1835 die erste Eisenbahn verkehrte und 1845 der Ludwig–Donau–Main–Kanal eröffnet wurde, kam es in Fürth zu einem wirtschaftlichen Aufschwung.
Sehenswürdigkeiten: Sehenswert ist die über dem Mündungsdreieck von Pegnitz und Rednitz stehende gotische Michaelskirche (Mitte 14. Jh.) mit einem gotischen Sakramentshaus (um 1500). Die ev. Auferstehungskirche und die kath. Liebfrauenkirche, beide 1825, zeigen einen konsequenten Klassizismus, während das Rathaus (1840–1844) im Stil der Neurenaissance und das Stadttheater in neubarocken Formen gebaut sind. Die Hausformen reichen vom Fachwerk (Stadlerhof bei St. Michael, 17. Jh.) bis zum Historismus und Jugendstil an der Hornschuchpromenade und Königswarter Straße.
Museen: Das 1830–1834 im klassizistischen Stil neu aufgebaute Schloß im Stadtteil *Burgfarrnbach* wurde als Bibliothek, Archiv, Museum und als Gemäldesammlung ausgebaut (mo 8–17, di–do 8–16, frei 8–12, Führungen mo–do 10, 11, 14, 15, so 10, 11, 12 Uhr).
Veranstaltungen: Gastspiele bietet das Stadttheater; Konzerte und Gesellschaftsbälle finden in der 1982 erbauten Stadthalle statt. Eine Freilichtbühne steht im Stadtpark. Größtes Fest ist die Fürther Kirchweih. Die ganze Innenstadt wird dann vom Sonntag nach Michaeli (29. Sept.) zehn Tage lang zum Festplatz. Am zweiten Festsonntag zieht ein großer Erntedankzug durch die Straßen.
ℹ Stadtinformation, Rathaus, Postfach 2537, 90744 Fürth, Tel. 0911/974-1210.

Maßstab 1:150.000 — 0 2 4 6 8 km

Großhabersdorf ist ein richtig gemütliches, fast städtisch wirkendes Dorf mit fränkischem Flair und dem Gasthof ›Rotes Roß‹.

Im Land um Zenn und Bibert

Wanderwege ziehen sich über bewaldete Höhenrücken; Radler können stundenlang durch die Auen der Flußtäler strampeln und im Mai ins Obstblütenmeer um Cadolzburg eintauchen. Mühlen stehen am Bachlauf, prächtiges Fachwerk schmückt Dorf- und Marktplätze. In dieser Idylle betrieben die Hohenzollern von ihrer Cadolzburg aus Reichspolitik, Wallenstein und Gustav Adolf lagen sich an der Zirndorfer Veste gegenüber, und in Langenzenn rasteten schon vor 1200 Jahren deutsche Könige.

△ Umgeben von schönster Natur: die Zirndorfer Alte Veste

Die Rochuskirche von Zirndorf ▽

›Palm-Beach‹, das Erlebnisbad in Stein ▽

Das Schloß der ›Bleistift-Grafen‹ Faber-Castell in Stein ▽

△ Malerisch wie in Venedig: Gebäude-Ensemble in Stein

Präzision ist oberstes Gebot, auch bei der Bleistiftproduktion in Stein ▽

Rangau. Das Wort begegnet einem immer wieder zwischen Nürnberg und Rothenburg ob der Tauber. Und wenn es schon in Fürth eine ›Rangau-Käserei‹ gibt, schadet es ja nichts, wenn man weiß, daß ein großer Teil Mittelfrankens historisch eben dieser Rangau ist, benannt nach einem Bach namens Rannach, der bei Bad Windsheim in die Aisch mündet.

Statten wir den beiden östlichen Eingangstoren einen Besuch ab, Zirndorf und Stein. Wer Conrad Ferdinand Meyers Erzählung ›Gustav Adolfs Page‹ gelesen hat, weiß, daß sich 1632 der kaiserliche Generalissimus Wallenstein und der Schwedenkönig bei Zirndorf gegenüberstanden, und daß Gustav Adolf Wallensteins Lager auf der Alten Veste zu Zirndorf nicht erobern konnte. Der Spaziergänger mag auf verschlungenen Parkwegen der Alten Veste darüber nachdenken oder sich zu einer Wanderung aufraffen: Im Zirndorfer Forst beginnt nämlich ein Höhenwanderweg, der in gut zwei Stunden nach Cadolzburg und in weiteren zwei Stunden über den Dillenberg nach Kirchfarrnbach führt.

Vor der von ihm gestifteten neugotischen Pfarrkirche in Stein steht ein Mann in Bronze: Lothar Faber, 1865 zum Reichsgrafen ernannt. Er hat der Bleistiftfabrikation zu Weltruf verholfen. Eine seiner Enkelinnen machte am Ende aus ›Faber‹ durch Heirat ›Faber-Castell‹. In Stein schaut man sich das pompöse Schloß der Faber-Castell oder die schon Denkmalwert besitzenden älteren Bauten der Bleistiftfabrik an, wirft einen Blick auf die romantische Partie von ›Klein-Venedig‹ an der Rednitzbrücke und trollt sich dann schleunigst zum göttlichen Faulenzen in das (gewiß zum Teil mit Bleistiften finanzierte) ›Palm-Beach‹, wie Frankens größtes Erlebnisbad so richtig fränkisch heißt.

Wem der Fußmarsch nach Cadolzburg zu anstrengend ist, kann sich das Vergnügen machen, mit der Lokalbahn von Fürth über Zirndorf zur Endstation Cadolzburg zu fahren. Wie durch ein Wunder hat die Strecke die Stillegungszeit überstanden. In dem liebenswerten Markt-

△ Einst die Residenz der Hohenzollern: die Cadolzburg

△ Cadolzburg: Die Vorburg stammt aus dem 13./14. Jahrhundert

△ Flachschnitzerei an der Ammerndorfer Mühle

Marktplatz von Cadolzburg ▽

△ Roßtal ist ein gemütlicher Fachwerkort

Frühromanik auf dem Lande: die Hallenkrypta der Pfarrkirche von Roßtal ▽

flecken könnte heute die Regierung von Mittelfranken sitzen, wären die Hohenzollern nicht eines Tages nach Ansbach umgezogen. Nachdem sie als Burggrafen von Nürnberg keine Chancen mehr hatten, regierten sie von der Cadolzburg aus ihre immer größer werdende Markgrafschaft.

Wer ausgezogen ist, das Gruseln zu lernen, ist in Cadolzburg am richtigen Ort. Der ›Greehütl‹, ein Kerl mit grünem Hut, treibt zur Geisterstunde auf der Burg mit Kettengerassel sein Unwesen. Netter wäre da schon eine Begegnung mit der ›schönen Els‹. Die war eine Niederbayerin, Tochter des wittelsbachischen Herzogs Friedrich des Reichen aus der Linie Bayern-Landshut. Eine Quotenfrau war sie nicht, aber ›ihren Mann‹ hat sie jederzeit gestanden. Als sie sechzehn Jahre war, hat sie in Schongau Burggraf Friedrich VI. von Hohenzollern geheiratet. Das war 1401, und der damalige deutsche König Ruprecht (ein Wittelsbacher der Pfalz-Linie) war auch unter den Hochzeitsgästen.

Wer ›Schön-Els‹ sehen will, muß nach Berlin fahren und sich im Jagdschloß Grunewald den ›Cadolzburger Altar‹ anschauen. Da kniet sie als Stifterin mit ihrem Mann unter dem Kreuz. Chronisten berichten von ihr, sie sei nicht nur schön, sondern auch geistvoll und hausfraulich gewesen. Sie habe auch an Verhandlungen ihres Ehemannes teilgenommen, Feste organisiert und in Abwesenheit ihres Mannes auch hin und wieder die Cadolzburg verteidigt. Ganz nebenbei schenkte sie auch noch acht Kindern das Leben. Als ihr Mann 1440 auf der Cadolzburg starb, zog ›Schön-Els‹ für drei Witwenjahre in das Wasserschloß Ansbach, wo sie 1443 starb. Mit diesem Umzug hatte Cadolzburg die Chance verloren, Haupt- und Residenzstadt der heraufkommenden Markgrafschaft Brandenburg-Ansbach zu werden.

Daß die Franken ›Gewürfelte‹ sind, also Leute, die sich den jeweiligen Umständen ohne Ehrverlust anpassen können, kann man an den Cadolzburgern besonders gut erkennen. Als 1806 der Markt an Bay-

△ Das ehemalige Augustinerstift Langenzenn aus den Jahren 1467/68...

△ Theater im Klosterhof

△ ... und sein schöner Kreuzgang mit Kreuzrippengewölbe

St. Wolfgang bei Puschendorf ▽

Das Wilhermsdorfer Rathaus aus dem 18. Jahrhundert: ein Schmuckstück ▽

Kostbarkeit in der Kirche St. Wolfgang bei Puschendorf: der spätgotische Schnitzaltar ▽

ern kam, gerieten das einheimische Brauwesen und der Hopfenanbau in Schwierigkeiten. Also verlegte man sich auf die Hausweberei. Der machten bald die mechanischenWebstühle zu schaffen und so lieferte man nun Steine in die bauwütigen Städte Nürnberg und Fürth. Bis die Ziegeleien dem festen Buntsandstein Konkurrenz machten. Was soll's? Die Cadolzburger bauten nun Obst an, Kirschen vor allem. Und als das auch nicht mehr so gut ging, pflanzte man ›Brestli‹, das sind Gartenerdbeeren. Und damit ist man heute noch gut auf dem Markt. Aus Dankbarkeit stellten die Cadolzburger 1973 einen ›Brestlibrunnen‹ auf den Marktplatz.

Viel gibt es zu sehen im schönen Land um Zenn und Bibert,den stillen Bezirk des gotischen Kreuzgangs in Langenzenn, die trotz ihrer protestantischen Bestimmung prachtvolle Barockkirche in Wilhermsdorf (nicht zu verwechseln mit Wilhelmsdorf bei Emskirchen, wo hugenottische Strenge herrscht), die Wehrkirche hoch über Veitsbronn oder die so schön fränkischen Ortsbilder von Roßtal und Großhabersdorf, wo allein schon das ›Rote Roß‹ ein Fachwerkgedicht ist. Und alles läßt sich erwandern und erradeln, und nirgends gerät man in Massenaufläufe, nicht einmal beim Kirchweihfest, wobei man dort freilich keineswegs in einsame Melancholie verfallen muß.

Nach Ammerndorf aber muß schon wegen jenes Hauses, das man längst nur noch die ›Ammerndorfer Mühle‹ nennt. Ein Fachwerkbau, wie man ihn selten findet, zumindest was seine Schnitzereien betrifft. Erbauen lassen haben ihn Stefan Zürl und seine Frau im Jahr 1608. Die zwei sind auch an der Fassade abgebildet, er mit einem Ring durch den Mund und sie mit einer Schlange über dem Kopf. Der Sohn mit vorwitzigem Schnurrbart und die Schwiegertochter, fein herausgeputzt, fehlen auch nicht und dazu Symbole des Göttlichen und Menschlichen, der Tapferkeit und der uneigennützigen Liebe. Ein rechtes Bilderbuch, ein geschnitztes, ist sie, die ›Ammerndorfer Mühle‹ im stillen Bibertgrund.

FORCHHEIM
HÖCHSTADT a.d. Aisch
Adelsdorf
Lonnerstadt
Gremsdorf
Hemhofen
Heroldsbach
Hausen
Baiersdorf
Röttenbach
Poxdorf
Effeltrich
Möhrendorf
Großdechsendorf
Herzogenaurach
Aurach
Buckenhof
Spardorf
Uttenreuth
ERLANGEN
Frauenaurach
Emskirchen
Langenzenn
Tennenlohe
Kalchreuth
Heroldsberg
Sebalder Reichswald
FÜRTH
Stadeln
Cadolzburg
Zirndorf
Oberasbach
Stein
Ammerndorf
Roßtal
Großhabersdorf
Wilhermsdorf
NÜRNBERG
Schwaig
Lauf a.d. Pegnitz
Röthenbach a.d. Pegnitz
Lorenzer Reichswald
Feucht
Schwarzenbruck
Wendelstein
Schwabach
Heilsbronn
Neuendettelsau
Windsbach
Wolframs-Eschenbach
Merkendorf
Roth
Abenberg
Georgensgmünd
Allersberg
Hilpoltstein
Gräfenberg
Igensdorf
Eckental
Rednitzhembach
Schwanstetten
Veldensteiner Forst
Naturpark

Wo gibt es was?

Fähnchennummer = Textnummer   ℹ = Auskunft

Langenzenn ①

Die Stadt geht auf den Königshof ›Cinna‹ zurück. 1409 gründeten die Nürnberger Burggrafen ein Augustinerchorherrenstift, dessen Besitz von der Markgrafschaft eingezogen wurde. Die gotische Stiftskirche wurde ev. Pfarrkirche; unter den Altären stechen der Jungfernaltar (um 1500, Schule Michael Wolgemuts) und der Sippenaltar (um 1504, Gemälde der Flügelaußenseiten von Hans von Kulmbach) hervor. Ein Verkündigungsrelief (1513) trägt das Meisterzeichen von Veit Stoß. Größte Sehenswürdigkeit ist der gotische, vierseitige Kreuzgang des ehem. Klosters. Von den historischen Bürgerbauten ist das Rathaus (Joh. David Steingruber, 1727) zu nennen. In *Puschendorf* (5 km) die gotische Wolfgangskirche (1489) mit dem Hochaltar (um 1500) des unbekannten ›Meisters des Puschendorfer Altars‹. Heimatmuseum (1. So im Monat, 14–16 Uhr). Veranstaltungen: Klosterhofspiele im Juni und Juli. Hallenbad. Golfplatz (9 holes) in Puschendorf.

ℹ Stadtverwaltung, 90579 Langenzenn, Tel. 09101/703-0.

Wilhermsdorf ②

Wilhermsdorf ist der Inbegriff eines barocken Reichsritterortes. Dies ist Gräfin Franziska Barbara von Hohenlohe-Langenburg zu verdanken, die 1709 die Würzburger Baumeister Christian Herrmann und Joseph Greising mit dem barocken Neubau der ev. Pfarrkirche beauftragte. Die von Nord nach Süd orientierte Kirche hat eine prächtige Fassade, die mit gegenläufiger Freitreppe über einem Sockelgeschoß aufragt. Die Ausstattung haben einheimische Handwerker besorgt; Hochaltar (1712) vom Bildhauer Stephan Hirstel und dem Schreiner Georg Ansorg, die Kanzel und den Orgelprospekt schuf Karl Matter, der ›Wilhermsdorfer Sonnenwirth‹. Im 19. Jh. wurde das Schloß abgerissen, doch wird dies von der Kanzlei des 1703 hierher verlegten Ritterkantons Altmühl aufgewogen. – Hallen- und Freibad.

ℹ Marktgemeindeverwaltung, 91452 Wilhermsdorf, Tel. 09102/1441.

Cadolzburg ③

Den von Obstgärten umgebenen Markt überragt in wehrhafter Position auf einem ins Farrnbachtal vorstoßenden Bergsporn die Burg. Sie war Zentrum des von den Abenberger Grafen regierten Rangaus. Bedeutung erlangte die Cadolzburg Mitte des 14. Jh., als die Zollern von hier aus ihr Besitztum verwalteten. Von 1400 bis 1456 residierten sie auf der Burg. Vor der Hauptburg im Westen liegt der umbaute Hof einer weiten Vorburg, die wiederum vom davor gelagerten Markt als einer Art zweiter Vorburg geschützt war. Am 17. April 1945 brannte die Burg aus und wird seit 1982 vom Bayerischen Staat wiederaufgebaut. Mauern und Dächer stehen wieder. Der Mauergürtel des Marktes mit dem Torturm (1476) ist noch erhalten. Die ev. Pfarrkirche (ehem. St. Cäcilia) ist eine barocke Predigerkirche (Joh. David Steingruber, 1750–1751) im ›Markgrafenstil‹, also mit Kanzelaltar. Der Fachwerkbau des Rathauses entstand 1670.
Am ersten Adventswochenende findet ein Adventsmarkt statt. Es wird gespielt und gesungen, und der Bürgermeister verteilt von den Bäckern gestiftetes Gebäck an die Kinder.

ℹ Marktgemeindeverwaltung, Rathausplatz 1, 90556 Cadolzburg, Tel 09103/50936.

Zirndorf ④

Die Stadt (seit 1912) breitet sich am Südfuß der Alten Veste aus, um die 1632 zwischen dem Feldherrn Wallenstein und dem Schwedenkönig Gustav Adolf gekämpft wurde. Zirndorf hat im Ortskern fast dörflichen Charakter bewahrt. Das Langhaus der ev. Pfarrkirche St. Rochus stammt aus dem 14. Jh., der Turm von 1412 (Helm 1783) hat ein gotisches Portal. Die Kirche wurde mehrmals erweitert. Die 44 alt- und neutestamentarischen Bilder an den Emporenbrüstungen stammen aus der Barockzeit. Im Rathaus die Egerländer ›Heimatstube Lichtenstadt‹ (nach Vereinb.) – Stadtpark; Kneippbad, Hallenbad, Freibad. Im benachbarten *Stein* das Erlebnisbad ›Palm Beach‹.

ℹ Verkehrsamt im Rathaus, Fürther Str. 8, 90513 Zirndorf, Tel. 0911/6920-116.

Oberasbach ⑤

Innerhalb dreier Jahrzehnte ist Oberasbach zur Stadt (1994) mit fast 18 000 Einwohnern angewachsen, bedingt durch die Nähe zu Fürth und Nürnberg. Mit den Ortsteilen *Ober- und Unterasbach, Altenberg* und *Kreutles* erstreckt sich die Gemeinde zu beiden Seiten des Kreuz- oder Asbachs. Sehenswert ist die gotische ev. Pfarrkirche St. Lorenz (15. Jh.) mit Netzrippengewölbe und spätgotischen Fresken im Chor. Im Altarraum eine Kreuzigungsgruppe von 1580. – Leistungszentrum der Gewichtheber; Rollschuh- und Eislaufbahn, Reiten, Tennis.

ℹ Stadtverwaltung, Rathausplatz 1, 90522 Oberasbach, Tel. 0911/9691-0.

Ammerndorf ⑥

Der Markt ist ein beliebtes Ausflugsziel. Der im 11. Jh. erstmals erwähnte Ort ist mit der Mühle und der Brauerei ein landwirtschaftliches Zentrum. Ammerndorf gehörte ursprünglich dem Würzburger Kloster St. Burkardus. Die gotische ev. Pfarrkirche Peter und Paul, 1414 geweiht, wurde 1761 von Johann David Steingruber barockisiert. Es haben sich im Ort eine Reihe historischer Anwesen erhalten, so der ›Steinhof‹, der früher Kornschranne gewesen ist, dazu zwei Gasthöfe, vor allem aber die ›Ammerndorfer Mühle‹ (1608), deren mit Schnitzwerk verziertes Fachwerk überaus sehenswert ist.

ℹ Marktgemeindeverwaltung, Cadolzburger Straße 3, 90614 Ammerndorf, Tel. 09127/363.

Großhabersdorf ⑦

Groß ist das Dorf wirklich, aber absolut noch ländlich und altfränkisch. Die gotische ev. Pfarrkirche St. Walburg deutet auf eine einstige Eigenkirche der Fürstbischöfe von Eichstätt hin. Der Bau gehört zum größten Teil dem 15. Jh. an, ebenso die Gewölbefresken im Chor. Etwas älter (Ende 14. Jh.) sind die Glasgemälde in den Chorfenstern, gute Nürnberger Arbeiten. Die barocke Ausstattung wurde 1728 eingebaut. Den dörflichen Charakter unterstreichen mehrere gut erhaltene Fachwerkbauten, vor allem das ›Rote Roß‹, das schon 1444 erwähnt ist, in der heutigen Form aber von 1697 stammt. – Freibad.

ℹ Verwaltungsgemeinschaft, 90613 Großhabersdorf, Tel. 09105/822.

Roßtal ⑧

Der Markt stammt bereits aus karolingischer Zeit, kam Anfang des 11. Jh. an das neue Bistum Bamberg. Die ev. Pfarrkirche St. Lorenz ist ein bedeutender Bau. Die Hallenkrypta stammt von einer frühromanischen Kirchenanlage (um 1025), auch Teile des Mauerwerks der mehrfach umgebauten Kirche gehen auf die romanische Zeit zurück. Bedeutung hat das Erste evangelische Pfarrhaus, ist es doch als stattlicher Fachwerkbau aus dem 15. Jh. unversehrt über die Zeiten gekommen. Das Zweite Pfarrhaus wurde 1538 gebaut. Das Heimatmuseum in der Schulstraße zeigt Objekte aus der Lokalgeschichte (1. So im Monat 14–16 Uhr). – Ponyhof mit Freigelände und Hallen.

ℹ Marktverwaltung, Marktplatz 1, 90574 Roßtal, Tel. 09127/8007.

Maßstab 1:200.000 — 0 2 4 6 8 10km

Einmal im Jahr kehrt im malerischen Städtchen Hilpoltstein die Geschichte zurück. Alt und jung schlüpft in historische Gewänder, um bei dem Burgfest mitzumachen.

Bei Drahtziehern und Blattgoldschlägern

Alte Handwerke haben in diesem Landstrich Tradition: Blattgoldschläger und Nadelmacher saßen in Schwabach und prägten diese Stadt. Drahtzieher sitzen noch heute in Roth, und man kann sich im Museum selbst in dieser alten Kunst erproben.
In Abenberg läßt sich die Geduld erfordernde Kunst des Klöppelns erlernen. Ein Beruf hat in diesem Landstrich zwischen Reichswald und Jura allerdings nie an Bedeutung verloren:
der des Bauern.

△ Schwabach: der Königsplatz mit dem Schönen Brunnen

△ Goldschlägerbrunnen

Altersheim mit Denkmalwert ▽

Schwabachs Pfarrkirche und ihr wertvoller spätgotischer Hauptaltar aus der Werkstatt Michael Wohlgemuths ▽

△ Sehr romantisch: das Hintere Wernloch bei Wendelstein

Wendelsteins Wehrkirche ▽

Wie viele Gesichter hat diese Region! Große Forste ziehen sich von Wendelstein im Norden bis hinunter nach Heideck. Seen, wenn auch erst neuerdings künstlich erschaffen, locken bei Roth und Spalt Wasserratten an, die Fränkische Rezat schlängelt sich durchs Land, bei Spalt ragen Hopfenstangen in den Himmel, werden Spargelstangen aus dem sandigen Boden geerntet, Leute winken von Ausflugsschiffen vom Main–Donau–Kanal, Bauern pflügen, säen und ernten, und in den Städten und Märkten ist Industrie- und Gewerbefleiß fest am Werken.

Die beste Führerin durch dieses Land könnte die ›Gredl‹ sein, machte sie sich nicht so rar. Nur an zwei, drei Tagen im Jahr läßt sie sich einspannen. Es handelt sich um die liebe alte Dampfbahn, die von Roth über Hilpoltstein in Schlangenlinien nach Thalmässing fährt und das Jahr über nur als Triebwagen von Roth bis Hilpoltstein verkehrt. Die ›Gredl‹ nimmt Fahrräder übrigens kostenlos mit. Die historische Wagengarnitur, gezogen von einer ›Baureihe 50‹, schlängelt sich durch den Rother Sand, durch weite Wälder bis zum Juraanstieg und überwindet dabei auf 462 Meter Höhe sogar die Europäische Wasserscheide.

In Hilpoltstein sollte der Reisende unbedingt Station machen. Die Stadt, deren Geschichte bis in das 10. Jahrhundert zurückgeht, hat ihr mittelalterliches Bild bewahrt. Vom wuchtigen Bergfried der Burgruine aus öffnet sich ein herrlicher Blick auf die Stadt und den mittelalterlichen Mauerring .
Kultureller Anziehungspunkt Hilpoltsteins ist das alljährlich am ersten Augustwochenende stattfindende Burgfest. Die Hilpoltsteiner schlüpfen dann in historische Gewänder und spielen ein geschichtliches Ereignis aus dem Jahre 1606 nach: den Einzug der Pfalzgräfin Dorothea Maria in die Stadt.

Die Schwabacher müßten Thomas Alva Edison eigentlich ein Denkmal bauen: Jahrzehntelang haben in der Stadt viele Leute Geld damit verdient, Grammophonnadeln

△ Roth: Das in den Jahren 1537/1587 erbaute Schloß Ratibor … … prunkt mit seinem großen Hauptsaal ▽

△ Das Gilardi-Haus in Allersberg

△ Naherholung für Jung und Alt am Rothsee

△ Imposant: historischer Eisenhammer in Roth-Eckersmühlen

Drahtzieherei in Roth: Leonische Werke ▽

herzustellen und sie millionenfach in alle Welt zu schicken. Die Nadler sind hier daheim, produzieren heute für Hersteller von Spinnereimaschinen und medizinischen Bedarf.
Noch vor einigen Jahrzehnten konnte man ein großes Hämmern in der Stadt hören. In 112 Familienbetrieben wurde Blattgold geschlagen. Die Luftfeuchtigkeit, die bei diesem Gewerbe eine Rolle spielt, soll in Schwabach günstig gewesen sein. Inzwischen gibt es in Schwabach nur noch drei Betriebe, die Blattgold schlagen – in erster Linie für die Vergoldung von Bilderrahmen oder Heiligenfiguren. Aus der Altstadt hat man sie allerdings herausgedrängt. Wegen des Lärms.

Wendelstein 12 km. Wer in der Schwabacher Gegend ein gelbes Schild mit dieser Aufschrift sieht, sollte nicht meinen, der markante Gipfel des Wendelsteins läge hier gleich hinter dem Reichswald verborgen. Nein, gemeint ist ein recht gastlicher Marktflecken, von dem aus man schöne Wanderungen zur Schwarzachschlucht und zum über 150 Jahre alten ›Ludwig–Donau–Main–Kanal‹ machen kann. Das Gegenstück dazu bietet die Nachbargemeinde Schwanstetten mit der Schleuse Leerstetten des modernen ›Europa-Kanals‹. Mit einer Hubhöhe von fast 25 Metern ist sie eine der größten in Europa.

Für Roth braucht man Zeit. Und regnen darf es auch, denn es gibt vier Museen in der Stadt. Eines davon ist das Schloß Ratibor mit dem dort untergebrachten Heimatmuseum. Der schlesische Name des Schlosses geht auf den Ansbacher Markgrafen Georg den Frommen zurück, der im 16. Jahrhundert Besitz in Oppeln und Ratibor erwarb und mit den Einkünften das Schloß in seiner Oberamtsstadt Roth baute. Die einzelnen Abteilungen des Heimatmuseums sind interessant, doch noch mehr sind die meisten Besucher von den Prunkräumen beeindruckt, die ein reicher Fabrikant, der das Schloß im 19. Jahrhundert erworben hat, einrichten ließ. Treppenhaus, Kaminzimmer, Speisezimmer und der riesige Festsaal sind mit ihrer Neo-Renaissance sicher die am

△ Burgfest in Hilpoltstein: historischer Festzug ... ... und allerhand Gauklereien ▽

Historische Kostüme und bunter Blumenschmuck gehören zum Fest dazu ▽

△ Mit dem Dampfzug ›Gredl‹: Nostalgiefahrt von Roth nach Thalmässing

Parrkirche Heideck: Madonna von 1520 ▽

△ Leonrod-Epitaph in Hilpoltstein

Klöppeln in Abenberg ▽

besten erhaltenen Prunkräume des Historismus in Bayern.
Die Heimatstube der Saazer, im Landratsamt untergebracht, ist da schon viel schlichter, paßt aber hierher, da nahe bei Roth, ähnlich wie in Saaz, Hopfen angebaut wird.

Ein wunderbares Stück Gewerbegeschichte tut sich im ›Fabrikmuseum der Leonischen Industrie‹ auf. Da erkennt man sofort, daß die Drahtzieher in Franken zu suchen sind. Schon Albrecht Dürer hat eine jener Drahtmühlen gezeichnet, die auch für Roth schon seit dem 15. Jahrhundert nachweisbar sind. Hugenottische Flüchtlinge aus Lyon verfeinerten ab dem 17. Jahrhundert die Drahtzieherei. Aus feinsten Kupfer- oder Edelmetalldrähten werden dabei Borten, ›Posamenten‹, und heute auch mancher Bedarf für die moderne Technik gewoben.
Im Museum kann man an laufenden Maschinen sehen, wie feinste Drähte gezogen oder zu Gespinsten zusammengefügt werden. Und selbst ausprobieren kann man die Drahtzieherei auch.

Nach Matthäus Merians ›Topographia Franconia‹, die 1648 erschien, macht die Stadt Roth ›insonderheit die Freyung, so da ist, berümmbt‹. Die Rother boten ein Asyl, das von Kaiser und Reich anerkannt und von Asylsuchenden auch wie kaum ein zweites aufgesucht wurde. Da kam aus England ein Silberminenbesitzer namens William Patterson und bat um Asyl, aus Prag floh der Großviehhändler Melchior Norden in die Stadt und sogar Graf Friedrich von Oettingen bat hier um Freistatt. Hatte er was auf dem Kerbholz? Ja, er hatte eine Bürgerliche geheiratet. Dieses Asyl hatten auch jene Leute aus Lyon angesteuert, deren Künste dann für Roth so segensreich waren.

Zwischen Roth und dem malerischen Städtchen Hilpoltstein liegt Eckersmühlen mit einem historischen Hammerwerk, dem vierten Rother Museum. Fünf Generationen lang hat die Familie Schäff hier im Werk gearbeitet. Die ursprüngliche Einrichtung ist noch vorhanden: nicht mehr vom Mühlrad, sondern

△ Eine stattliche Anlage: die Burg Abenberg aus dem 13. Jahrhundert

Rüstungs-Reparaturdienst beim Abenberger Burgfest ▽

△ Historischer Tanz auf dem Burgfest

△ Letzte Mühlrad-Romantik in Georgensmünd

Rundum fränkische Landschaft: Burg Wernfels bei Spalt ▽

Alles steht hier unter Denkmalschutz: Hauslach mit seinen Hopfenhäusern ▽

von Turbinen angetriebene Luft-, Feder- und Fallhämmer, die Esse mit dem Luftgebläse, Ambosse und alles, was man sonst noch bis 1974 zur Produktion brauchte.

Vier Jahrmärkte gibt es noch alle Jahre in Thalmässing. Zum Michaelimarkt kann man sogar mit der bereits rühmend erwähnten ›Gredl‹ anreisen. Was aber den Markt bemerkenswert macht, ist das archäologische Interesse, das in diesem kleinen Ort in den letzten Jahren wach wurde. Ein Museum für Vor- und Frühgeschichte mitten auf dem Land ist schon ziemlich einmalig. Dazu gibt es auch einen archäologischen Wanderweg, der zu vorgeschichtlichen Grabhügeln führt.

Im Tal der Fränkischen Rezat liegt das Städtchen Spalt, berühmt für Hopfenanbau und Spargelzucht. Die Spalter haben ein Hopfensiegel von 1538, das älteste in Bayern. Zum Fotografieren gibt es genug, vor allem Fachwerk: das Kornhaus mitten in der Stadt und vor der Stadt die Hopfenhäuser, wobei dem Hopfengut Mühlreisig der Schönheitspreis zukommt. Fünf Trockenböden für den Hopfen sind hier übereinander gelegt.
Spalt hat auch ein Ufer im ›Neuen Fränkischen Seenland‹. Wen es nicht ans Wasser zieht, sollte hinauswandern zur Burg Wernfels. Den Blick, den man vom westlich der Burg gelegenen Theilenberg über das fränkische Land hat, wird man so schnell nicht vergessen.

Vor den Ansbacher Hohenzollern-Markgrafen waren die Grafen von Abenberg die Herren im Rangau. Hoch über dem Städtchen dieses Namens ragt altersgrau ihre mächtige Burg auf. Im 12. Jahrhundert gründeten die Abenberger das Zisterzienserkloster Heilsbronn, Gräfin Bertha wurde Äbtissin in Kitzingen, Graf Konrad wurde Fürstbischof von Salzburg und Graf Reginhardt übernahm dieses Amt in Würzburg. Als zartester Sproß der Abenberger wird die selige Stilla verehrt, die sich der Notleidenden annahm. Sie ist eine Lokalheilige, nur in Abenberg und Umgebung tragen Frauen ihren Namen.

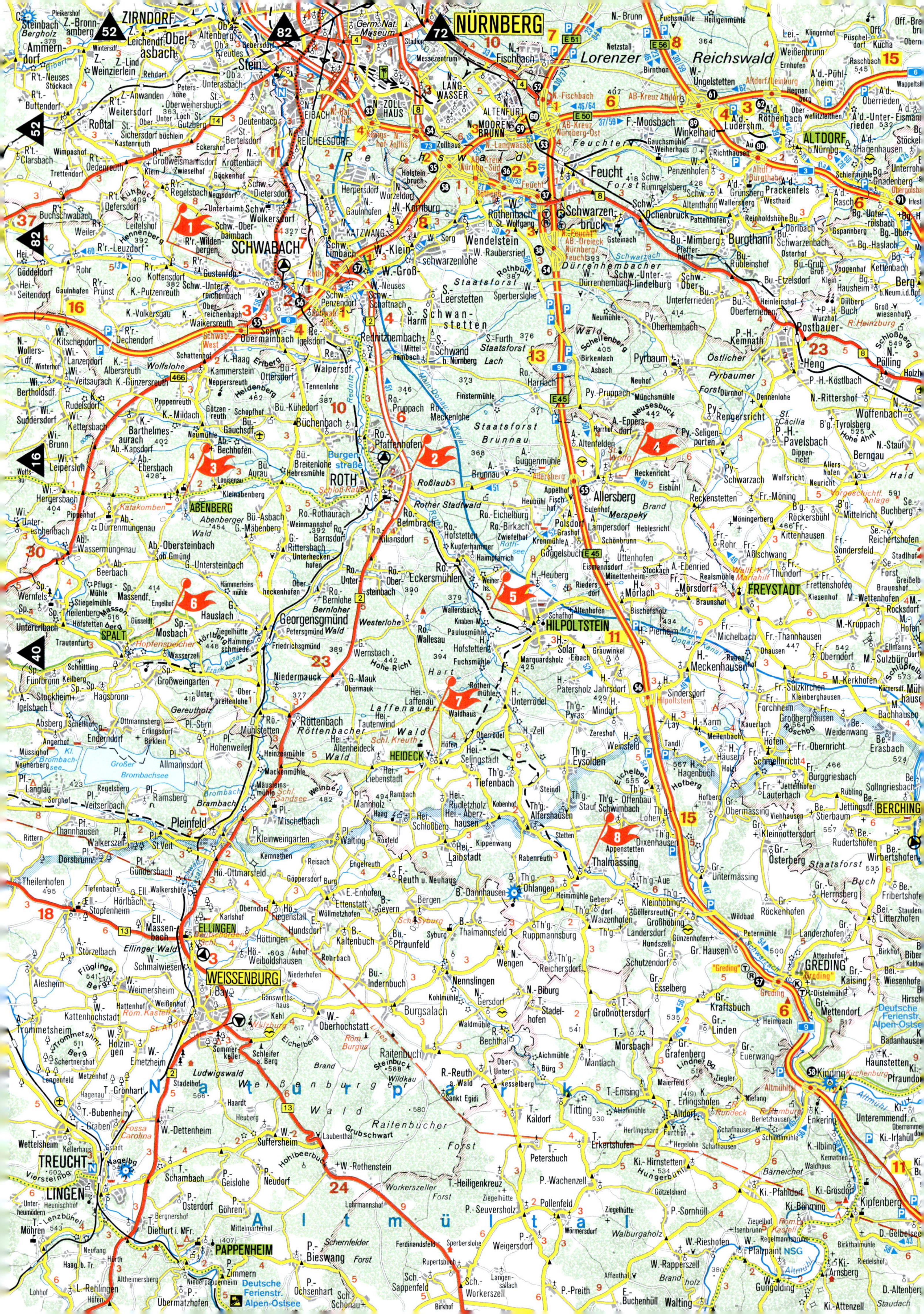

ZIRNDORF
NÜRNBERG
Lorenzer Reichswald
Stein
Germ. Nat. Museum
ALTDORF
Feucht
Schwarzenbruck
SCHWABACH
Wendelstein
Burgthann
Rednitzhembach
Schwanstetten
Postbauer-Heng
Pyrbaum
Büchenbach
ROTH
Allersberg
ABENBERG
Freystadt
Georgensgmünd
HILPOLTSTEIN
SPALT
HEIDECK
Großer Brombachsee
Pleinfeld
ELLINGEN
WEISSENBURG
Thalmässing
GREDING
BERCHING
Titting
Kinding
TREUCHTLINGEN
PAPPENHEIM
Kipfenberg
Altmühltal
Naturpark

Wo gibt es was?

Fähnchennummer = Textnummer ℹ = Auskunft

Schwabach ①

Die Zollernschen Burggrafen von Nürnberg machten die Stadt (38 000 Ew.) zur Oberamtsstadt ihrer Markgrafschaft. Die Kenntnisse der ab 1686 zuziehenden Hugenotten brachten frühen industriellen Aufschwung.
Sehenswürdigkeiten: Sie stehen am Königsplatz, der vom ›Schönen Brunnen‹ (1716) und Pferdebrunnen (1823, einst Pferdetränke) geschmückt wird. Die gotische ev. Stadtkirche St. Johannes und Martin (1495 geweiht) hat acht gotische Schnitzaltäre aus Nürnberger Werkstätten. Der Hochaltar (1506/08) kommt aus der Werkstatt des Dürer-Lehrers Michael Wolgemut. Die Schnitzarbeiten besorgte Veit Stoß, vielleicht auch das gotische Sakramentshäuschen (1505). Das Rathaus (1528, oberer Stock 1799 aufgesetzt) mit Fachwerk und offenen Lauben steht frei auf dem Königsplatz, wo auch noch die ›Fürstenherberge‹, das ›Weiße Lamm‹ und der ›Goldene Stern‹ historische Herbergen sind. Das Stadtmuseum ist zur Zeit geschlossen, die Sammlungen (z. B. Wengleinscher Weltbund für Vogelschutz) werden in Sonderausstellungen gezeigt.
ℹ Verkehrsamt, Rathaus,
91126 Schwabach,
Tel. 09122/860-400.

Roth ②

Die Kreisstadt (23 000 Ew.) war Markt des Bistums Bamberg, dessen Vögte bis 1199 die Grafen von Abenberg, dann die Markgrafen von Ansbach waren. 1535–1537 ließ Markgraf Georg der Fromme das Renaissanceschloß ›Ratibor‹ erbauen. Gebaut wurde es wohl von Sixtus Kornberger, die Türme richtete 1585 der Ulmer Meister Gideon Bacher auf. Aufschwung setzte mit Gründung der ›Leonischen Drahtwerke‹ (1740) ein. Die ev. Pfarrkirche, 1510 vom Meister Endreß Embhart erbaut, wurde 1732–1738 zu einer Saalkirche des ›Markgrafenstils‹ umgebaut. Die kath. Marienkirche (1898) hat aus Nürnberger Werkstätten stammende Schreinaltäre. Das Alte Rathaus entstand 1758.
Museen: Schloß ›Ratibor‹ mit Prunkräumen (19. Jh.) und dem Stadtmuseum (Apr.–Sept. sa–so 13–16 Uhr und nach Vereinb.); Fabrikmuseum der Leonischen Industrie (21. März bis Buß- und Bettag sa–so 13.30–16.30 Uhr, in den bayerischen Ferien von Ende Juli bis Anf. Sept. auch mi); Heimatstube der Stadt Saaz (nach Vereinbarung); Historischer Eisenhammer in *Roth-Eckersmühlen* (Apr.–Okt. mi–so 13–17 Uhr und nach Vereinbarung).
Schloßhofspiele (Juli/August), Konzerte im Prunksaal des Schlosses und Gemäldeausstellungen. – Wassersport am ›*Rothsee*‹, Ausflugsfahrten auf dem Main–Donau–Kanal.
ℹ Stadtverwaltung, Kirchplatz 2,
91154 Roth, Tel. 09171/84833.

Abenberg ③

Der 1040 von Wolfram von Abenberg gegründete Ort wird von den Resten einer Burganlage überragt. Abenberg kam 1236 an die Nürnberger Burggrafen und 1296 an das Bistum Eichstätt. Das Kloster Marienburg mit der 1675–1687 gebauten Peters- und ›Stillakirche‹ ist Mittelpunkt der Verehrung der Lokalheiligen Stilla. Die aus dem 11. Jh. stammende Burg ist Ausstellungs- und Tagungszentrum. Das Klöppelmuseum (März–Dez. so 14–17 Uhr mit Vorführungen) zeigt Arbeiten der von den Nonnen gegründeten Klöppelschule und eine internationale Klöppelsammlung. – Burgfest (Mai) und Stillafest (3. So im Juli). Jugendreiterhof in *Ebersbach*, Golfplatz (18 holes).
ℹ Stadtverwaltung, 91183 Abenberg,
Tel. 09178/98800.

Allersberg ④

Der 1254 erstmals urkundlich erwähnte Markt fiel 1504 an das Fürstentum Pfalz-Neuburg. Das Ortsbild wird geprägt durch zwei parallel verlaufende Marktplätze. Der Vordere Markt bildet den alten Ortskern mit der Allerheiligen–Wehrkirche (1498), das höchst malerische Bild des Hinteren Marktes ist zwei Familien von ›Drahtbaronen‹, Heckel und Gilardi (diese aus Mailand), zu verdanken. Das ›Gilardi-Haus‹ (1723–1728, Gabriel de Gabrieli) ist ein herrliches Barockpalais. – Freibad, Hallenbad, Wassersport am ›Rothsee‹.
ℹ Marktverwaltung, 90584 Allersberg,
Tel. 09176/509-24.

Hilpoltstein ⑤

Burg und Siedlung gehen auf das 10. Jh. zurück. Die Herren von Stein, die mit Vorliebe den Namen Hilpolt trugen, hinterließen der Stadt ihren Namen.
Die kath. Pfarrkirche ist der Jungfrau Maria und dem St. Johannes Baptist geweiht (1473); Teile wurden 1732 barockisiert (Langhaus). Die Burg ist Teil des Stadtberings. Das Rathaus (1417) und das Jahrsdorfer Haus (1523) sind typische Fachwerkbauten. Das älteste Haus ›Götzhaus‹ stammt von 1385.– Burgfest mit historischem Festspiel (1. August–Wochenende); Freibad, Wassersport am ›Rothsee‹.
ℹ Fremdenverkehrsamt,
Maria–Dorothea–Straße 8,
91161 Hilpoltstein, Tel. 09174/9043.

Spalt ⑥

Der Geburtsort des Lutherfreundes ›Spalatin‹ (eigtl. Georg Burckhardt, 1484–1545) ist ein für Hopfen- und Spargelbau berühmtes Städtchen, dessen Tore und Stadtmauern zum Teil erhalten sind. Die romanische (12. Jh.), durch Jakob Engel 1698 barockisierte Pfarrkirche St. Emmeram erinnert mit ihrem Patrozinium an die einstige Regensburger Herrschaft. Sehenswert auch die gotische Nikolauskirche (14. Jh., 1767 barockisiert), der Fachwerkbau des Kornhauses (15. Jh.) und das vor der Stadt gelegene Hopfengut ›Mühlreisig‹ (1746), mit Fachwerk über sechs Stockwerke. Feuerwehrmuseum und Heimatstuben (nach Vereinb.). – ›Sommernachtsspiele‹ im Bürgergarten, Heimatfestspiel ›Die Nürnberger Reis‹ (alle fünf Jahre, wieder im Jahr 2000). – Viele lohnende Wanderziele; Wassersport am *Igelsbach-* und *Großen Brombachsee* (Stadtteil *Enderndorf*) möglich.
ℹ Verkehrsamt, Herrengasse 10,
91174 Spalt, Tel. 09175/79650.

Heideck ⑦

Das Städtchen, 1288 zu Füßen einer Burg gegründet, fiel 1504 an Pfalz-Neuburg. Die spätgotische kath. Johannis-Pfarrkirche (1457), im 18. Jh. barockisiert, hat eine Rokoko-Ausstattung, aber auch eine gotische Madonna (um 1520), die dem Landshuter Meister Hans Leinberger nahesteht. Die gotische Liebfrauenkapelle (1419) war bis 1475 Grablege derer von Heideck. Im gotischen Rathaus (1479) ist die Heimatkundliche Sammlung untergebracht (tägl. 14–16 Uhr). – Freizeitzentrum auf dem Schloßberg, Freibad, Reiten auf Schloß Kreuth.
ℹ Stadtverwaltung, Marktplatz 24,
91180 Heideck, Tel. 09177/4940-0.

Thalmässing ⑧

Der 900 erstmals genannte Markt ist bei Wanderern und Archäologen gleichermaßen beliebt. Hier wurden Gräberfelder aus vor- und frühgeschichtlicher Zeit entdeckt. Eines der stattlichen Häuser am Marktplatz ist durch private Initiative als Vor- und frühgeschichtliches Museum eingerichtet (Apr.–Okt. di–so 10–12 und 13–16 Uhr). Ein Archäologischer Wanderweg (16 km) führt zu einer Grabhügelanlage aus der Zeit von 750 bis 450 v. Chr.. – Bekannt ist der Ort für seine Oster-, Pfingst-, Michaeli- und Martinsmärkte. – Drachenfliegerschule, Freibad.
ℹ Marktverwaltung,
Stettener Straße 26,
91177 Thalmässing, Tel. 09173/90913.

Maßstab 1:200.000 — 0 2 4 6 8 10km

Touristik-Informationen

Adressen

Ausführliche Informationen über die gesamte Region gibt es beim Fremdenverkehrsverband Franken, Am Plärrer 14, 90429 Nürnberg, Tel. 0911/264202, Fax 0911/270547. Daneben erteilen regionale Informationsstellen Auskunft: Tourist-Information ›Romantisches Franken – Vom Rangau zur Romantischen Straße‹, Crailsheimstr. 1, 91522 Ansbach, Telefon: 0981/468-162, (ab 1. März 1996: 91598 Colmberg, Tel. 09803/94141); Landratsamt Roth, Kultur und Fremdenverkehr, Weinbergweg 1, 91152 Roth, Telefon 09171/81-329, Fax 09171/81-399; Landratsamt Fürth, Amt für Öffentlichkeitsarbeit, Stresemannplatz 11, 90763 Fürth, Tel. 0911/9773-339; Kreisverkehrsamt Neustadt/Aisch – Bad Windsheim, Postfach 1520, 91405 Neustadt/Aisch, Telefon 09161/92180, Fax 09161/92188.

Angeln

Möglichkeiten bieten die vielen kleinen Flüsse und Bäche sowie zahlreiche Weiher. Die Broschüre ›Angeln in Franken‹ des Fremdenverkehrsverbandes Franken (siehe Adressen) gibt erschöpfende Auskunft, auch über Erlaubnisscheine und Gebühren.

Anreise

Abgesehen vom Raum Nürnberg – Fürth ist Ansbach der zentrale Anlaufpunkt. Die Stadt liegt an den Fernbahnlinien Würzburg – München und Nürnberg – Stuttgart und an der Autobahn A 6 (E 50) Heilbronn – Nürnberg. Den nördlichen Teil erschließt die Autobahn A 3 (E 45) Frankfurt – Würzburg – Nürnberg, den Westen die Autobahn A 7 (E 43) Würzburg – Rothenburg – Ulm, den östlichen Teil tangiert die Autobahn A 9 Hof – Nürnberg – München. Die Bundesstraße 8 Würzburg – Nürnberg verläuft im Norden der Region, die B 2 Nürnberg – Roth – Donauwörth führt in den Raum Roth/Schwabach, die B 14 Nürnberg – Ansbach – Crailsheim und die B 13 Würzburg – Ansbach – durchqueren einen großen Teil der Region, und die B 25 ist Teil der ›Romantischen Straße‹. Ein dichtes Netz von Staats- und Kreisstraßen bindet jeden Ort gut an den Fernverkehr an. Die wichtigsten Bahnlinien sind die Fernstrecken Frankfurt – Würzburg – Nürnberg, Würzburg – Ansbach – München, Berlin – Leipzig – Nürnberg – München und München – Ingolstadt (bzw. Augsburg) – Treuchtlingen – Nürnberg. Mitten durch die Region führt die Linie Neustadt/Aisch – Ansbach – Bad Windsheim – Steinach (Rothenburg ob der Tauber).

Bauernhof-Urlaub

Die Region ›Romantisches Franken‹ ist mit ihrer vorwiegend ländlichen Struktur für den Urlaub auf dem Bauernhof prädestiniert. Viele Urlaubshöfe tragen das Gütezeichen der Deutschen Landwirtschaftsgesellschaft. Die Gäste können in den meisten Quartieren auch heimische Kost aus ökologisch und biologisch einwandfreien Produkten erhalten. In einigen Fällen werden Pferde, Ponys und Streicheltiere auf dem Hof gehalten. In der Umgebung von Dinkelsbühl organisieren bäuerliche Gastgeber Hobby-Kurse. Anschriften erhält man von den regionalen Tourist-Informationen (siehe Adressen) und jedem örtlichen Verkehrsamt.

Burgen und Schlösser

Der Rangau und das Land an der ›Romantischen Straße‹ war bis zum Beginn des 19. Jahrhunderts in viele Herrschaftsbereiche gegliedert, die Burgen und Landschlösser entstehen ließen. Umfangreiche Schloßbauten konnten nur die großen Herren in Auftrag geben, wie die barocke Markgrafenresidenz in Ansbach. Die Markgrafen bauten auch Jagd- und Sommerresidenzen wie Triesdorf oder Unterschwaningen bei Wassertrüdingen, repräsentierten zu Roth im Renaissanceschloß ›Ratibor‹. Außerhalb Nürnbergs erinnern Cadolzburg und Colmberg an die Markgrafschaft. Die größte Burganlage ist die von Nürnberg, die aus drei Einzelburgen besteht. In und um Nürnberg findet man die Besonderheit der ›Herrensitze‹. Das ›Tucherschlößchen‹ in der Altstadt und Schloß Neuhof im Knoblauchsland sind gute Beispiele. Nürnberg baute auch im Vorfeld der Reichsstadt das mächtige Festungswerk Lichtenau. Zum Teil noch gut erhaltene Burgen gibt es in Abenberg, Hilpoltstein und Wernfels bei Spalt. Mehr Schloß als Burg ist Virnsberg bei Flachslanden, gebaut vom Deutschherrenorden. Während das Doppelschloß in Obernzenn und die Schlösser in Sommersdorf, Rügland und Heideck eher klein sind, ist das Schloß in Schillingsfürst eine respektable Residenz.

Camping

Die beste Ausstattung hat der Campingplatz ›Romantische Straße‹ in Dinkelsbühl (DCC). Weitere gute Plätze sind in Nürnberg (Nähe Stadion), bei Flachslanden am ›Sonnensee‹, die Plätze ›Tauber-Idyll‹ und ›Tauber-Romantik‹ im Rothenburger Stadtteil Detwang und der Campingplatz ›Frankenhöhe‹ in Schillingsfürst. Das gesamte aktuelle Angebot vermitteln die regionalen Tourist-Informationen (siehe Adressen) oder die Führer des ADAC und des Deutschen Camping-Clubs (DCC).

Essen und Trinken

Was für Geschichte, Brauchtum, Tracht und Dialekt in Franken gilt, nämlich die Vielfalt, das trifft auch auf Essen und Trinken zu. Selbst das Standardgericht, der Braten von Schwein, Rind oder Kalb, wird regional verschieden gewürzt, und die Klöße sind auch in jedem Landstrich ein wenig anders zubereitet. Was den Besucher immer wieder erstaunt, ist die Mannigfaltigkeit der Bratwurst. In den Nürnberger Bratwurstküchen ist sie klein und fingerdünn und wird ab sechs Stück auf dem Zinnteller mit Sauerkraut, Kartoffelsalat oder ›Kren‹ (Meerrettich) serviert. Auf dem flachen Land ist sie dicker, auch viel länger, einmal fett, einmal mager, geräuchert, gesotten oder gar in eine Sülze eingelegt. Als ›Katerfrühstück‹ sind die ›Blauen Zipfel‹ bestens geeignet, das sind rohe Bratwürste, die in einem Sud aus Essig, Zwiebeln, Karotten, Petersilie, Senf und Pfeffer eingelegt und gargezogen sind.
Gemüse und Salat werden zwischen Nürnberg und Rothenburg groß geschrieben. Bei Nürnberg wächst das Grünzeug für drei Großstädte heran. Die Krönung ist dort und im Hopfenland von Spalt der Spargel, dessen Saison von Anfang Mai bis zum Johannistag (24. Juni) läuft. Fastenspeisen fehlen auch nicht auf der Karte, entweder Mehlspeisen oder ›Aischgründer Karpfen‹, gebacken oder aus dem Sud. Natürlich wird auch Bier von Großbrauereien ausgeschenkt, doch im Land der Vielfalt haben sich noch viele lokale Kleinbrauereien halten können. Mainfranken ist mit seinen Rebhängen nicht weit, doch gibt es auch um das mittelfränkische Bad Windsheim die zwei Weinorte Ipsheim und Weimersheim.

Ferienstraßen

An der 350 Kilometer langen ›Romantischen Straße‹, der bekanntesten der rund hundert deutschen Ferienstraßen, hat die Region gut 50 Kilometer Anteil und mit Rothenburg ob der Tauber und Dinkelsbühl auch zwei attraktive Stationen. Die Straße beginnt in Würzburg und führt südlich von Dinkelsbühl weiter über Nördlingen und Augsburg nach Füssen (Touristik-Arbeitsgemeinschaft Romantische Straße, Marktplatz, 91550 Dinkelsbühl, Tel. 09851/90271). Eine zweite Ferienroute, die ›Burgenstraße‹, beginnt in Mannheim und erreicht in Rothenburg Mittelfranken. Von dort zieht sie über Colmberg, Ansbach, Lichtenau, Wolframs-Eschenbach, Abenberg und Roth nach Nürnberg. Sie führt auf einer Länge von 975 Kilometern bis nach Prag und berührt über 70 Orte mit Burgen oder Schlössern (Arbeitsgemeinschaft ›Die Burgenstraße‹, Rathaus, 74072 Heilbronn, Tel. 07131/56-2271). Eine regionale Route ist die ›Fränkische Wehrkirchenstraße‹, die auf einem Rundkurs von gut 200 Kilometern zwischen Ansbach und Iphofen 42 Orte mit Wehrkirchen im Rangau und am Steigerwald berührt (Informationen durch den Gebietsausschuß ›Romantisches Franken‹, siehe Adressen). Neu ist der ›Jakobsweg‹, der zwischen Rothenburg und Nürnberg auf der Route eines der historischen Jakobswege verläuft.

Feste und Bräuche

Wenn auch die Reformation den größten Teil der Region ›Romantisches Franken‹ ergriffen hatte, so konnte man den Franken keineswegs ihre meist heiteren Bräuche und schon gar nicht das Kirchweihfest, die ›Kärwa‹, abgewöhnen. Da jeder Ort an seinem eigenen Patroziniumstag feiert, ist fast das ganze Jahr über irgendwo in Mittelfranken eine Kirchweih. Die berühmteste findet allerdings in Fürth Anfang Oktober statt. Aus der Fülle seien die wichtigsten Veranstaltungen genannt: ›Bachwoche‹ (alle ungeraden Jahre im Juli) und ›Rokoko-Festspiele‹ (jährlich Anfang Juli) in Ansbach; ›Kiliani-Altstadtfest‹ (Juli) in Bad Windsheim; ›Kinderzeche‹ (Juli) in Dinkelsbühl; ›Altstadtfest‹ (Mitte Sept.) in Nürnberg; ›Reichsstadt-Festtage‹ (Sept.) in Rothenburg ob der Tauber.

Jugendherbergen

Jugendherbergen gibt es in 91550 Dinkelsbühl (Koppengasse 10), 91555 Feuchtwangen (Dr.Güthlein-Weg 1), 90403 Nürnberg (Jugendgästehaus ›Kaiserstallung‹), 91541 Rothenburg ob der Tauber (›Roßmühle‹ und ›Spitalhof‹) und 91174 Spalt (Burg Wernfels). Verzeichnis beim Deutschen Jugendherbergswerk, Bismarckstr. 8, 32756 Detmold, Tel. 05231/74010.

Museen

Das Germanische Nationalmuseum in Nürnberg ist die bedeutendste Kunst- und Kultursammlung im deutschsprachigen Raum. Kunst und Kultur eines Stadtstaates zeigt das Reichsstadtmuseum in Rothenburg, Zeugnisse mittelalterlicher Justiz das dortige Kriminalmuseum. In Ansbach dokumentiert das Markgrafenmuseum die Geschichte eines Fürstentums und erzählt das Schicksal Kaspar Hausers. In der Ansbacher Residenz ist eine Sammlung von Erzeugnissen der Fayence- und Porzellanmanufaktur untergebracht. Eine der besten Regionalsammlungen Bayerns ist das Frankenmuseum in Feuchtwangen, dem original eingerichtete Handwerkerstuben angeschlossen sind. Ähnlich ist auch das Rangau-Handwerkermuseum in Markt Erlbach eingerichtet. Neue Wege ist man beim Wolfram-von-Eschenbach-Museum gegangen. Viele Besucher hat in Bad Windsheim das Fränkische Freilandmuseum. Es gibt einige Museen, die speziellen Themen gewidmet sind: das Verkehrsmuseum in Nürnberg, die Spielzeugmuseen in Nürnberg und Rothenburg ob der Tauber, das Sängermuseum in Feuchtwangen, das ›Museum 3. Dimension‹ in Dinkelsbühl oder das Fabrikmuseum der Leonischen Industrie in Roth. Spezialsammlungen gibt es u. a. in Abenberg (Klöppelmuseum), Bechhofen (Pinsel- und Bürstenmuseum) und in Thalmässing (Archäologische Sammlung).

Radfahren

Besonders geeignet sind die Radwege durch die Flußtäler. Reizvoll ist der ›Zenntal-Radweg‹, der in Fürth beginnt und über Obernzenn und Bad Windsheim nach Rothenburg ob der Tauber führt (80 km). Die familienfreundliche Route ist gut beschildert und verläuft nur auf ausgewiesenen Rad- und Flurbereinigungswegen. In Rothenburg beginnt der ›Altmühlweg‹ (78 km) über Colmberg und folgt von da an dem Lauf der jungen Altmühl bis zum Altmühlsee bei Gunzenhausen. Am Altmühlsee hat man wiederum Anschluß an die 40 Kilometer lange Route über Wassertrüdingen durch das Tal der Wörnitz nach Dinkelsbühl, wo man auf dem Radweg ›Liebliches Taubertal‹ nach Rothenburg gelangt. Auf letzterem Weg kommt man auch nach Feuchtwangen-Zumhaus, wo man im Fahrradmuseum nicht nur den Ur-Modellen des Drahtesels begegnet, sondern sich – wenn man zu zwei ist – auch einmal ein Tandem ausleihen kann.

Schiffahrt

Es fehlt zwar ein schiffbarer Fluß oder See, doch auf dem Europakanal Main-Donau gibt es Sonderfahrten und fahrplanmäßigen Ausflugsverkehr auf der Strecke Nürnberg – Roth und weiter bis ins Altmühltal. Mitunter legt auch einer der 90 Meter langen Luxusliner an, die als Kreuzfahrtschiffe vom Main zur Donau unterwegs sind.

Souvenirs

Ein fränkisches Trachtengewand wäre ein ungewöhnliches Souvenir. Ein paar Bocksbeutel mit dem köstlichen Wein von den Rebhängen der ›Mittelfränkischen Bocksbeutelstraße‹ sind für manchen aber viel reizvoller. Gute Erinnerungen an den Urlaub werden auch aufkommen, wenn man daheim Wurst-Souvenirs aufmacht, die man in Büchsen oder auch vakuumverpackt erstehen kann. Ganz leicht hat es derjenige, der zur Advents- und Weihnachtszeit die Christkindlesmärkte in Nürnberg, Rothenburg oder Bad Windsheim besucht. Nur soll er dann in Nürnberg auf gar keinen Fall die leckeren Lebkuchen vergessen.

Sportmöglichkeiten

Sportmöglichkeiten bietet jeder Erholungsort an. Die meisten haben wenigstens ein Freibad und einen Tennisplatz. Golfplätze gibt es in Colmberg, Lichtenau, Leutershausen, Windsbach, Bad Windsheim, Langenzenn und Abenberg. Die Plätze und Hallen für den Reitsport sind meistens in der Hand von Clubs oder Reit- und Fahrvereinen, die allerdings auch Gäste aufnehmen. Im Naturpark Frankenhöhe können Wanderreiter an 65 gastlichen Stationen Aufnahme finden oder Urlaub mit dem Pferd machen. In Dinkelsbühl und Rothenburg gibt es Aero-Clubs, am Hesselberg hat Gerolfingen einen Luftsportverein, Ehingen und Röckingen laden zum Drachenfliegen ein. Wassersportler finden ihr Erholungsrevier am künstlichen Rothsee bei Roth, am Dennenloher See bei Unterschwaningen oder am Sonnensee bei Flachslanden. Erlebnisbäder gibt es in Stein bei Nürnberg (›Palm Beach‹) und Neuendettelsau (›Novamare‹).

Wandern

Da die Menschen aus den großen Städten wie Nürnberg und Fürth schon vor Jahrzehnten das Wochenende im Grünen verbringen wollten, gibt es im Rangau inzwischen auch viele markierte Wanderwege. Jede Gemeinde hat ihr eigenes Wanderwegenetz, und für jeden Landkreis gibt es entsprechende Wanderkarten. Besonders reizvoll und schön sind die Wanderwege im Naturpark Frankenhöhe, wo man sozusagen von Quelle zu Quelle wandern kann. Schillingsfürst, im Quellbereich dreier Flüsse liegend, hat daher auch einen wasserkundlichen Wanderweg. Am Hesselberg unterhalten Gerolfingen und Wittelshofen interessante geologische Lehr- und Wanderpfade.

Register

Fettgedruckte Ziffern verweisen auf den Autoatlas, unterstrichene Ziffern auf Abbildungen

Impressum

Verlag:
HB Verlags- und Vertriebs-Gesellschaft mbH, Alsterufer 4, 20354 Hamburg, Postfach 300660, 20347 Hamburg, Telefon 040/4151-04, Telefax 040/4151-3231. Geschäftsführer: Kurt Bortz, Dr. Joachim Dreyer, Eike Schmidt

© HB Verlags- und Vertriebs-Gesellschaft mbH, 1995, für den gesamten Inhalt, soweit nicht anders angegeben

Redaktion und Produktion:
Harksheider Verlagsgesellschaft mbH, Fabersweg 1, 22848 Norderstedt, Postfach 5249, 22822 Norderstedt, Telefon 040/528862-0, Telefax 040/5234056

Redaktion:
Ulrike Klugmann (verantwortlich)
Annerose Sieck, Helga Schnehagen
Text und Bildrecherche:
Werner A. Widmann, München
Exklusiv-Fotografie:
Ulrich Teschner, Korschenbroich
Layout:
Rolf Bünermann, Gütersloh
Kartografie:
© RV Reise- und Verkehrsverlag, München und Stuttgart
© Kartografie: GeoData Geographische Datenbanken, Stuttgart
© Haupka & Co. Kartographisches Institut, Bad Soden/TS (Stadtplan Ansbach, Seite 16)

HB-Bildatlas Fotoservice:
Harksheider Verlagsgesellschaft mbH, Postfach 5249, 22822 Norderstedt, Telefon 040/528862-22, Telefax 040/5234056

Für die Richtigkeit der in diesem HB-Bildatlas angegebenen Daten – Adressen, Öffnungszeiten, Telefonnummern usw. – kann der Verlag keine Garantie übernehmen. Nachdruck, auch auszugsweise, nur mit vorheriger Genehmigung des Verlages. Erscheinungsweise: monatlich

Anzeigenalleinverkauf:
KV Kommunalverlag GmbH, Postfach 810565, 81905 München, Telefon 089/928096-24, Telefax 089/928096-20

Vertrieb Zeitschriftenhandel:
Partner Pressevertrieb GmbH, Postfach 810420, 70521 Stuttgart, Telefon 0711/7252-210, Telefax 0711/7252-375
Vertrieb Abonnement und Einzelhefte:
Zenit Pressevertrieb GmbH, Postfach 810640, 70523 Stuttgart, Telefon 0711/7252-198, Telefax 0711/7252-333
Vertrieb Buchhandel:
Mairs Geographischer Verlag, Marco-Polo-Zentrum, D-73760 Ostfildern, Telefon 0711/4502-0, Telefax 0711/4502-340

Satz:
Utesch Satztechnik GmbH, Hamburg
Reproduktionen:
Otterbach Repro GmbH & Co., Rastatt
Druck und buchbinderische Verarbeitung:
VOD Vereinigte Offsetdruckereien, Berner Straße 2, 97084 Würzburg
Printed in Germany
Gedruckt auf chlorfrei gebleichtem Papier

ISBN 3-616-06251-9

Lieferbare Ausgaben

25 **Bergisches Land**
27 **Venedig und Venetien**
32 **Kopenhagen**
33 **Kärnten**
35 **Toskana · Florenz**
36 **Niederbayern · Hallertau**
38 **Bornholm**
39 **Tirol · Innsbruck**
40 **Flandern · Antwerpen · Brügge · Gent**
41 **Trier**
44 **Kraichgau und Nördlicher Schwarzwald**
45 **Jütland**
46 **Hohenloher Land**
47 **Vorarlberg**
51 **Osnabrücker Land**
53 **Tessin**
54 **Wien***
55 **Mittlerer Schwarzwald**
57 **Emilia-Romagna · Vom Apennin zur Adriaküste**
58 **Holstein · Herzogtum Lauenburg**
59 **Provence**
60 **München***
61 **Teneriffa · Gran Canaria · La Palma · Gomera · Hierro · Fuerteventura · Lanzarote**
62 **Luxemburg**
63 **Hessisches Bergland**
64 **Fichtelgebirge · Frankenwald · Coburger Land**
65 **Frankfurt**
66 **Steiermark · Graz**
67 **Côte d'Azur · Monaco**
68 **Dänische Inseln · Seeland · Fünen · Lolland · Langeland · Falster**
69 **Nord- und Ostsee · Nordfriesland · Schleswiger Land**
70 **Bodensee · Oberschwaben**
71 **Stuttgart und das Neckarland**
72 **Zentral- und Ostschweiz · Zürich · Luzern · St. Gallen**
73 **Hannover · Braunschweiger Land**
74 **Italienische Riviera · Genua**
75 **Altmühltal**
76 **Chiemgau · Berchtesgadener Land**
77 **Emsland · Grafschaft Bentheim**
78 **Sachsen**
79 **London**
81 **Kreta**
82 **Teutoburger Wald · Ostwestfalen**
83 **Costa del Sol · Andalusien**
84 **Oberbayern zwischen Lech und Inn**
85 **Korsika**
86 **Bayerischer Wald**
88 **Schwäbische Alb**
89 **Südtirol**
90 **Hunsrück · Naheland · Rheinhessen**
91 **Paris**
92 **Sizilien**
93 **Allgäu**
94 **Thüringen**
95 **Oberpfalz · Regensburg**
96 **Barcelona**
97 **Ostfriesland · Oldenburger Land**
98 **Westerwald · Taunus · Rheingau**
99 **Mecklenburg-Vorpommern**
100 **Salzburger Land · Salzburg**
101 **Lüneburger Heide**
102 **Die Loire**
103 **Köln**
104 **Rhodos · Dodekanes**
105 **Rom**
106 **Südnorwegen · Fjordland**
107 **Berlin**
108 **Bayerisch Schwaben · Augsburg · Nördlingen**
109 **Costa Brava · Katalonien**
110 **Sauerland**
111 **Brandenburg**
112 **Die Pfalz**
113 **Elsaß**
114 **Sachsen-Anhalt**
115 **Graubünden**
116 **Düsseldorf**
117 **Mallorca · Menorca · Ibiza · Formentera**
118 **Südschweden · Stockholm**
119 **Münsterland · Münster**
120 **Prag**
121 **Eifel · Aachen**
122 **Bretagne**
123 **Weserbergland**
124 **Südengland**
125 **Fränkische Schweiz**
126 **Gardasee · Trentino**
127 **Rhön**
128 **Malta**
129 **Harz**
130 **Algarve · Lissabon**
131 **Hamburg***
132 **Normandie**
133 **Elbe und Weser · Nordseeküste**
134 **Madrid**
135 **Die Mosel**
136 **Sardinien**
137 **Mainfranken · Steigerwald · Haßberge**
138 **Budapest**
139 **Südschwarzwald**
140 **Griechische Inseln: Kykladen**
141 **Thüringer Wald**
142 **Oberitalienische Seen · Lombardei · Mailand**
143 **Odenwald · Kraichgau · Bergstraße**
144 **Schottland**
145 **Dresden · Sächsische Schweiz**
146 **Holland · Inseln · Küste · Amsterdam**
147 **Spessart**
~~148 **Danzig · Ostsee · Masuren**~~
149 **Rhein und Ruhr**
150 **Costa Blanca · Benidorm · Alicante**
~~151 **Mittelfranken · Ansbach · Rothenburg · Nürnberg**~~

* auch als englische Ausgabe erhältlich

In Vorbereitung

152 **St. Petersburg**
153 **Nördlicher Schwarzwald**
154 **Berner und Baseler Land**

Zeichenerklärung Autoatlas

Autobahn mit Anschlußstelle fertig, in Bau, geplant
Tankstelle, Raststätte
Zweibahnige Autostraße fertig, in Bau, geplant
Bundesstraße fertig, in Bau, geplant
Hauptverbindungsstraße
Gute Ortsverbindungsstraße mit Steigung
Unterhaltener Fahr-, Feld- und Waldweg
Für Kfz gesperrte Straße
Straßennumerierung
Bedarfsumleitung Autobahnverkehr
Kilometrierung zw. Autobahnauffahrten — 37
Groß-, Kleinkilometrierung — 22 11
Eisenbahn mit Bahnhof - außer Betrieb
Flughafen - Flugplatz - Segelflugplatz
Wo - gibt - es - was ? - Hinweis
Sehenswerter Ort — LAUF
Sonstige Sehenswürdigkeit — R. Wolfstein
Landschaftlich schöne Strecke
Touristenstraße — Bier- u. Burgenstr.
Naturpark - Naturschutzgebiet — NSG
Botanischer Garten - Wildgehege - Aussichtspunkt
Burg, Schloß - Ruine
Kloster - Klosterruine - Denkmal
Sehenswerte Kirche - Kirche - Kapelle
Forsthaus - Aussichtsturm - Wasserturm
Funk- oder Fernsehturm - Wassermühle
Hervorragende Bäume
Hotel, Restaurant - Schutzhütte - Weinort
Campingplatz ganzjährig - nur im Sommer
Jugendherberge - Naturfreundehaus
Schwimmbad - Heilbad
Parkplatz - Stadion - Sportplatz
Landesgrenze - Kreisgrenze
Wald - Sperrgebiet

Titel: Mühlreisig-Haus in Spalt

Fürth hat sich ein eigenständiges, ruhiges Flair bewahrt, ist weder überlaufen noch abgehetzt. Kleine Theater und Galerien laden ein zum Kulturbummel, Parks und Grünanlagen lassen Spaziergänge zum erholsamen Erlebnis werden. Eine erstklassige und abwechslungsreiche Gastronomie verwöhnt ihre Gäste in historischen Gebäuden und modernem Ambiente.
Fürth: Spannende Kontraste zwischen Innovation und Tradition geben dem Gast die Möglichkeit, seine Freizeit zu gestalten.

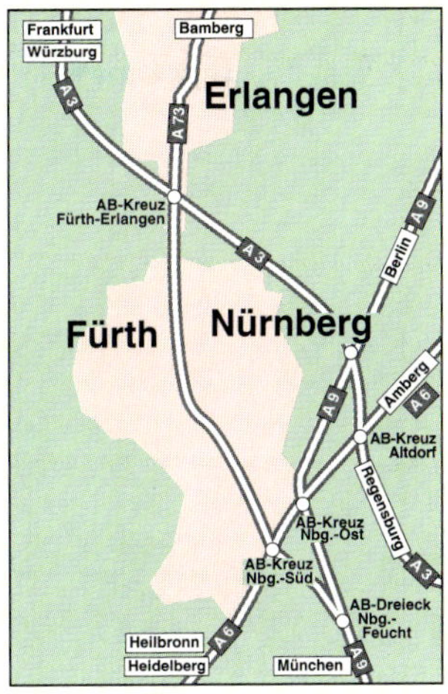

Information Fürth:
Tourist-Information Fürth,
Gustav-Schickedanz-Str. 2
90762 Fürth
Tel. 09 11 / 7 40 66 15

Besuchen und erleben

Fürth Erlangen Nürnberg

Immer mehr Städtebummler und Geschäftsleute sind von **Nürnberg** überzeugt. Frankens Metropole bietet Großstadt-Atmosphäre und gemütliches Mittelalter-Flair zugleich, vor allem aber zahlreiche Attraktionen für aktive Leute. Das ist typisch für die Stadt: Einheimische und Besucher fühlen sich wohl. Die Congress- und Tourismuszentrale Nürnberg informiert gerne über Kultur-Programme, Freizeit-Angebote und günstige Pauschalen für die Stipvisite:

Information Nürnberg:
Congress- und Tourismuszentrale
Nürnberg, Postfach 4248,
90022 Nürnberg, Tel. 0911/2336-0

Foto: Kurt Fuchs

Erlangen ist ein echter Geheimtip im touristischen Pflichtprogramm einer Reise durch Franken. In der Hugenottenstadt finden Sie ein gehobenes Angebot an Pensionen und Hotels. Sie werden von Vielfalt und Qualität der Gastronomie angenehm überrascht sein. Erlangen hat sich einen Namen gemacht als beliebter Tagungs- und Kongreßplatz: Die hohe Lebensqualität und die weltoffene Atmosphäre bieten ideale kreative und produktive Begegnungen. Welche Großstadt kann Ihnen das bieten?

Information Erlangen:
Verkehrsverein Erlangen e.V.
Rathausplatz 1, 91052 Erlangen
Tel. 09131/89 51-0

Die Region Nürnberg · Nürnberg · Fürth · Stadt Erlangen

HOTEL GARNI
BAYERISCHER HOF
NÜRNBERG

Ein modernes Hotel, zentral gelegen

- 80 Zimmer mit Dusche, WC, Kabel-TV, Telefon, Garagen
- Zentrale Lage: Hbf./ U-Bahn 2 Min. vom Hotel; 5 Min. in die Innenstadt
- Wochenendpauschale/Wochenendpreise

Hotel Bayerischer Hof
Gleißbühlstraße 15 • 90402 Nürnberg
☎ (0911)2321-0 • Fax (0911)2321-511

★ 125 Zimmer mit 250 Betten, alle mit Bad/WC, Radio, Color-TV, Video, Selbstwähltelefon und Minibar
★ Fitnesscenter, Sanarium, Solarium, Sauna, Frischluft-Innenhof, Sonnenterrasse, Liegewiese, Grillplatz
★ Tagungsräume bis 250 Personen
★ Restaurant Bauernstube, Hotelbar
★ Direkt an der Autobahnausfahrt ERLANGEN TENNENLOHE **der A 3 Frankfurt-Nürnberg**

Transmar-MOTOR-Hotel

Wetterkreuz 7 · 91058 Erlangen-Tennenlohe
Telefon: 0 91 31-6 08-0 · Telefax: 0 91 31-6 08-1 00

Ansbach -
Stadt des fränkischen Rokoko

- Markgräfliche Residenz mit 27 Prunkräumen
- Markgrafen-museum mit Kaspar-Hauser-Sammlung
- Ansbacher Rokokofestspiele (jährlich, Anfang Juli)
- Internationale Ansbacher Gitarren-konzerte

Information:
Amt für Kultur und Touristik
Postfach 607, 91511 Ansbach
Tel.: 0981 / 51-243 Fax 0981 / 51-365

Stadt ANSBACH

VERKEHRSMUSEUM NÜRNBERG

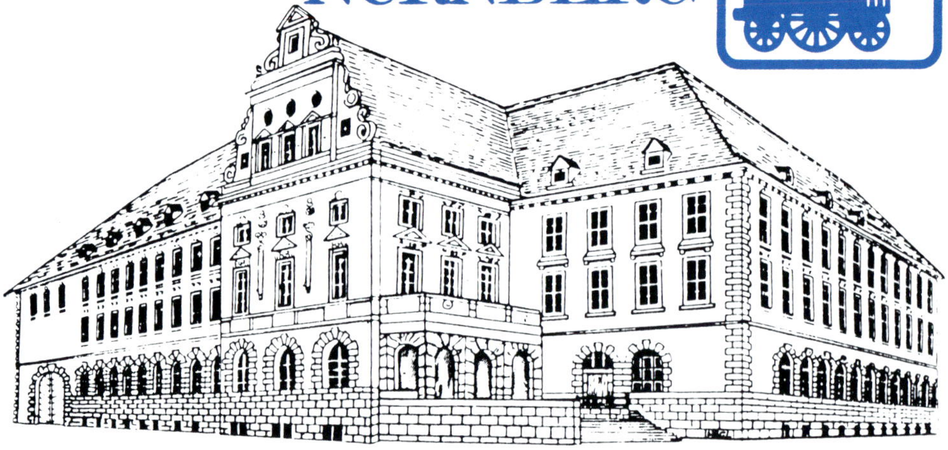

Bahn und Post

Da will ich hin

Täglich geöffnet von 9^{30} - 17^{00} Uhr
An Fest- und Feiertagen Sonderregelung

90443 ○ Lessingstr. 6 ○ Tel.: 0911/219 2428

Natürlich Hilpoltstein...

Attraktive Lage am Rothsee im Neuen Fränkischen Seenland. Burgstadt mit historischem Stadtbild. Vielfältiges Kultur- und Freizeitangebot.

STADT HILPOLTSTEIN
Marktstraße 1 - 91161 Hilpoltstein
Telefon 0 91 74 / 90 43 - Telefax 0 91 74 / 90 44

HERZOGENAURACH

Info: Stadt Herzogenaurach
Marktplatz 11
91074 Herzogenaurach
Tel.: 0 91 32 / 90 11 20, Fax: 90 11 19.

ATLANTIS
Der sagenhafte Badespaß in Herzogenaurach

Täglich geöffnet
von 10 bis 22 Uhr

91074 Herzogenaurach
Würzburger Straße 35
Telefon 0 91 32 / 44 46

Das Atlantis ist ideal für die ganze Familie. Das Freizeit- und Erlebnisbad bietet alles für gesunden und erholsamen Spaß: Wellenbecken, Sportbecken, Außenbecken mit Wasserfall, Abenteuerlandschaft mit Riesenrutsche, 2 Whirlpools, Strömungskanal und seit 1995 eine Saunalandschaft. Auf einer Insel in der Natur gibt es finnische Saunen, Sanarium, römisches Dampfbad, Vitabar, Panorama-Ruhegalerie u. a. Kostenlose Wassergymnastik, Fitnessraum, Sonnenwiese, Liegestühle, Wasserkindergarten (m. Wickelraum/Kinder-WC), Cafeteria und Atlantis-Restaurant vervollständigen den Badespaß. Behindertengerechte Umkleide- u. Sanitärräume. Bequem mit PKW und öffentlichen Verkehrsmitteln zu erreichen.

Abtauchen aus dem Alltag!

Frankens bekannteste Burg.

Symbol für millionenfache Sicherheit.

In ganz Deutschland zuhause.

Wir nehmen uns gern Zeit für Sie.

NÜRNBERGER
VERSICHERUNGSSGRUPPE
Rathenauplatz 12-18
90489 Nürnberg
Telefon (09 11) 5 31-5

Schutz und Sicherheit im Zeichen der Burg

NÜRNBERGER

NATURPARK

STEIGERWALD

Der Frankenwein

Frankenwein erleben und genießen
Mittelfränkische Bocksbeutelstraße, Weingenießerwochenende, Weinfahrten.

Individuelle Programme und Gruppenpakete

Gemeinsam macht es viel mehr Spaß
Stadtführungen, Museumsführungen, Weinproben, Bierproben, Pferdekutschfahrten, attraktive Pauschalangebote für Urlauber und Kurzurlauber.

Aktiv und fit

Aktiv sein ist in:
Aischtalradweg 137 km, Zenntalradweg 75 km, Fernradweg vom Main zur Aisch 60 km, Heslachtal-Radweg 50 km, 12 Rundtouren im Landkreis. Auch als Radwege-Verbundnetz kombinierbar! Wandern ohne Gepäck, Angeln, Rundflüge, internationale Golfanlagen, Kutschfahrten, Reiten.

Kultur

Erleben Sie Kultur pur
Museen: Fränkisches Freilandmuseum
Spielzeugmuseum Sugenheim
Konzerte: BAD WINDSHEIM Classic
Ebracher Schloßkonzerte
Kur- und Promenadenkonzerte

Kur – Erholung – Urlaub

Vergessen Sie die Hektik des Alltags
Gepflegte Hotels, Landgasthöfe, Privatzimmer, Ferienwohnungen, Urlaubs- oder Kurzpauschalen, Urlaub auf dem Bauernhof.

Schlemmen und verwöhnen

Essen und trinken Sie wie es Ihnen gefällt
Kulinarischer Herbst, Aischgründer-Karpfenschmecker-Wochen, Biere aus fränkischen Brauereien und unverfälschter Frankenwein.

Entspannen, auftanken

Atmen und erleben Sie
reine Luft und intakte Natur.

Zimmerreservierung sowie perfekte Planung und Organisation sichern wir Ihnen zu.

BAD WINDSHEIM

- Tourist-Information Steigerwald, Hauptstraße 3, 91443 Scheinfeld, Telefon 0 91 62/1 24-24, Fax 0 91 62/1 24 33
- Kur-, Kongreß- und Touristik-GmbH, Marktplatz 1, 91438 Bad Windsheim, Telefon 0 98 41/4 02-0, Fax 0 98 41/4 02 99